Königs Erläuterungen und Materialien
Band 245



Erläuterungen zu

Gerhart Hauptmann

# Rose Bernd

neu bearbeitet und ergänzt von Reiner Poppe

C. Bange Verlag – Hollfeld/Ofr.

Herausgegeben von Klaus Bahners, Gerd Eversberg
und Reiner Poppe

7. erweiterte Auflage 1986
ISBN 3-8044-0338-7

Satz: Setzerei Schadel, 8600 Bamberg
Druck: Beyer-Druck, Eiergasse 13, 8607 Hollfeld

# Inhalt

# Lesehinweis

Das Drama "Rose Bernd" aus dem Jahre 1903 zählt zu Gerhart Hauptmanns besten Theaterstücken. Es ist aber keineswegs populär, und auf den deutschen Bühnen wird es sogar arg vernachlässigt im Vergleich etwa zu den Aufführungen der Diebskomödie "Der Biberpelz" oder "Die Ratten".[1] Ebenso wenig zählt es in den Schulen zu den selbstverständlichen Lesestoffen (Sekundarstufe II), und der private Leser muß schon ein wahrer Hauptmann-Anhänger sein, wenn er sich rein lesend an dieses anspruchsvolle Schauspiel begibt. Warum dann eigentlich ein Erläuterungs- und Materialienband, der zwangsläufig auf den 'Spezialisten' abgestellt sein muß, d.h. auf einen Leser, der aus ganz spezifischem Interesse zum Textband und zur erläuternden Hilfestellung greifen mag, sei er nun in einem Theaterkurs an der Volkshochschule oder in einem Studienseminar zum Thema 'Hauptmann'?

In ganz bescheidenem Rahmen möchten wir zur 'Popularisierung' auch dieses Schauspiels unseren Beitrag leisten, dies umso ambitionierter, als "Rose Bernd" wie kaum ein anderes Werk in konzentrierter Form alle für Hauptmanns Welt- und Menschenbild typischen Aussagen enthält und überdies die für das Drama des 'Naturalismus' gültigen Form- und Gestaltungselemente weit überschreitet.

Die "Exploration des Menschlichen" wird als eines der wichtigsten Ziele des (literarischen) 'Naturalismus' überhaupt angesehen[2], und darin hat Hauptmann Bahnbrechendes geleistet. Innerhalb der Formen und Gestalten dieser lebendigen und vielschichtigen Epoche nimmt er darum mit seinem Schaffen, namentlich mit seinen frühen Dramen, eine ganz besondere Stellung ein, die sich nicht mit vordergründigen Zuweisungen ("Meister des Milieus") etikettieren läßt.

Wenn wir also versuchen, die Ausführungen zu diesem Drama dem für unsere Erläuterungsreihe 'üblichen' Gesicht anzupassen, so geschieht dies in einer doppelten Erwartung: Wir hoffen zum einen, daß sich mehr

---

[1] Die Hochzahlen von der ersten bis zur letzten Seite verweisen auf die Fußnoten, in denen wir uns auf Kürzestangaben der jeweiligen Quelle oder im erläuternden Hinweis beschränken: H. Daiber, S. 31, 41, 78, 90, 95, 253.

[2] G. Schulz (Hg.), S. 32.

Leser für das Drama "Rose Bernd“ interessieren und es mithilfe unserer Ausführungen und Materialien differenzierter und zugleich einfacher aufnehmen können. Zum anderen verbinden wir damit die Erwartung, daß von diesem Modellbeispiel des Spät-Naturalismus, das aus der Masse vieler gleichzeitiger der Epoche herausragt[3], der Blick des Lesers auch auf die übrigen Werke Gerhart Hauptmanns gelenkt werden kann, die im Kapitel 7.1-7.4 skizzenhaft berührt werden, insbesondere "Vor Sonnenaufgang“, "Fuhrmann Henschel“, "Dorothea Angermann“.

Die vorliegende Neuauflage ist nicht nur in formaler Hinsicht dem 'neuen Gesicht' unserer Reihe angepaßt, sondern auch in wesentlichen Aspekten verändert und ergänzt worden, so im Kapitel 1.1 (Zeittafel), 1.2 (Forschungslage), 7.1-7.4 (Themen zur Diskussion) sowie im Kapitel 8. (Literaturauswahl). Übernommene Teile der alten Auflage von R. Hippe wurden erheblich gestrafft und konzentrierter aufeinander bezogen: Die Inhaltsangaben ("Gang der Handlung") der fünf Akte sind auf das Notwendigste beschränkt worden; dasselbe gilt für die Sach- und Spracherläuterungen und für das Kapitel 6. (Charaktere).

Wir hoffen, daß diejenigen Leser, die gerade in den inhaltsbezogenen Kapiteln sehr breite und detaillierte Informationen erwarten, auch mit der geänderten Fassung konform gehen können, in der ein Mittelweg zwischen dem Alten und Bewährten und dem notwendig Neuen gesucht worden ist.

R. P.

---

[3] Imerhin 'konkurrierten' mit Hauptmann Literaten vom Range eines Arno Holz, Johannes Schlaf, Thomas Mann, Arthur Schnitzler, Hermann Sudermann oder Ludwig Thoma. – Von den drei letztgenannten galt H. Sudermann als durchaus gleichwertig in seinem Bühnenschaffen; inzwischen haben sich deutliche Akzentverschiebungen zugunsten Gerhart Hauptmanns aus dem Blickwinkel der kritischen Wissenschaft ergeben.

# 1. Daten aus Gerhart Hauptmanns Leben und Schaffen

## 1.1 Leben und Werk

Gerhart Hauptmann ist am 15. November als jüngstes von vier Geschwistern in Obersalzbrunn als Sohn des Gastwirtes "Zur Preußischen Krone", Robert Hauptmann, geboren worden. Obwohl die Eltern ihm nach Möglichkeit das Gasthaus verschlossen, lernte er hier schon früh die vielfältigen Typen der schlesischen Bevölkerung und auch die soziale Problematik seiner Heimat kennen. Aus Erzählungen des Vaters wußte Gerhart, daß sein Großvater Weber unter kritischen Verhältnissen gewesen war.

Die Eltern waren sehr auf die Erziehung der Kinder bedacht, auch dann noch, als sich ihre wirtschaftlichen Verhältnisse infolge des Ausbleibens des vornehmen Reisepublikums, das jetzt den Süden bevorzugte, verschlechterten. 1874 kam Gerhart zu seinen Brüdern in Familienpension nach Breslau, wo er die städtische Realschule besuchte. Nun hinderte ihn Krankheit oft am Schulbesuch, mit dem er sich auch bei den harten und unpersönlichen Methoden der Lehrer nicht anfreunden konnte. 1878 schied er, nachdem er mehrfach Klassen wiederholt hatte, aus der Quarta aus.

Jetzt wurde er Landwirtschaftseleve auf dem Gute seines Oheims Gustav Schubert im Kreise Striegau. Aber trotz seiner Liebe zur Natur und zu naturnaher Tätigkeit erwies er sich den physischen Anstrengungen der landwirtschaftlichen Arbeit nicht gewachsen. Eine Lungenentzündung trat auf, die ihm noch zwei Jahrzehnte zu schaffen machte. Wichtig an dieser Zeit ist die Bekanntschaft mit dem herrnshutschen Geiste, der das Haus seines Onkels durchdrang. Hauptmann selbst war in Gefahr, sich in religiöse Schwärmereien, die aber bei ihm zu Depressionen wurden, zu verlieren. Nach anderthalb Jahren gab er den Versuch auf, Landwirt zu werden.

Er ging wieder nach Breslau. Da er bildhauerische Begabung gezeigt hatte, brachte sein älterer Bruder ihn an der königlichen Kunst- und Gewerbeschule unter, wo er zwei jahre studierte, ohne die Ausbildung abzuschließen. Einer seiner Lehrer, der als einziger die ungewöhnliche, aber nicht unbedingt bildnerische Begabung seines Schülers durchschaute, vermittelte ihm durch Beziehungen zum Großherzog von Weimar die Erlaubnis, in Jena zu studieren. Bedeutsam für ihn wurden dort die naturwissenschaftlichen Vorlesungen von Ernst Haeckel und die philosophischen von Rudolf Eucken und Otto Liebmann. 1883-84 machte er dann eine weite Auslandsreise in die Schweiz und nach Spanien und Italien. Hier erkrankte er am Typhus. Kaum genesen, erholte er sich im Hause der Familie seiner Schwägerin nahe bei Dresden. Die Schwester der Frau seines älteren Bruders Georg, Marie, wurde seine erste Frau, 1885 heirateten sie und zogen nach Berlin, wo sie anfangs kurze Zeit in Moabit wohnten, dann in den stillen Vorort Erkner zogen.

In Berlin wurde Hauptmann seine dichterische Berufung endgültig klar. Der Umgang mit zahlreichen Dichtern und Schriftstellern, darunter Arno Holz und Johannes Schlaf, den Brüdern Julius und Heinrich Hart, und mit Otto Brahm, dem Leiter der "Freien Volksbühne", trug entscheidend dazu bei. 1888 veröffentlichte Georg Conrad in seiner Zeitschrift "Die Gesellschaft“ zum ersten Male Hauptmanns Novelle "Bahnwärter Thiel“. 1889 wurde dann an der "Freien Bühne“ sein erstes Drama, "Vor Sonnenaufgang“, das Theodor Fontane ausdrücklich empfohlen hatte, herausgebracht. Trotz des Theaterskandals, den die Uraufführung entfachte, machte das Stück Hauptmann schnell berühmt. 1890 folgte "Das Friedensfest“, 1891 "Einsame Menschen“. Ein Jahr später, 1892, erschien sein wohl sensationellster, aber auch umstrittenster Erfolg: "Die Weber“. Es war das erste Stück, das keinen individuellen Helden hatte, der Held ist hier, wie Fontane meinte, „die Not“, eigentlich das Volk in seinem hier vergeblichen Kampf gegen die Not.

1891 hatte Hauptmann in Mittelschreiberhau ein Haus gekauft, das für einige Jahre sein Wohnsitz wurde. Auf Wanderungen durch Schlesien und durch Studien in Gerichtsakten war er zu dem Stoff der "Weber“ gekommen. Hier schrieb er auch seine ersten Komödien "Kollege Crampton“ (1892 geschrieben, 1894 uraufgeführt) und die Diebskomödie "Der Biberpelz“ (1893). Wenn er bis dahin als Führer der naturalistischen Bühnendichtung allgemein anerkannt war, so überraschte er 1894 durch "Hanneles Himmelfahrt“, in dem aus mystischen Urgründen das Sehnsuchts- und Erlösungsmotiv vieler seiner späteren Dichtungen anklingt. 1896 versuchte er im "Florian Geyer", das naturalistische Prinzip auf das historische Drama auszudehnen. Die Uraufführung wurde sein erster Mißerfolg, der ihn schwer traf, aber nicht entmutigte. Noch im gleichen Jahre wurde sein Märchendrama "Die versunkene Glocke" uraufgeführt.

Das letzte Jahrzehnt des vorigen Jahrhunderts war im übrigen für den Dichter eine Zeit schwerer persönlicher Krisen. 1894 verließ ihn seine Frau mit ihren drei Kindern und ging nach Amerika. Überstürzt reiste ihr Hauptmann nach. Aber auch die Rückkehr seiner Frau nach Deutschland brachte keine Lösung. Für viele Jahre blieb Hauptmann gewissermaßen heimatlos, lebte zeitweilig in Berlin, zeitweilig auf Reisen. Die geplante Ehe mit der ehemaligen Schauspielerin Margarethe Marschalk verzögerte sich. 1900-01 ließ der Dichter in Agnetendorf, das stiller war als das von Fremden überlaufene Schreiberhau, den "Wiesenstein" bauen, der dann, vor allem nach Schluß der zweiten Ehe im Jahre 1904, sein ständiger Wohnsitz blieb, wenn er auch viel auf Reisen weilte und für viele Jahre im Sommer Kloster auf Hiddensee als vorübergehenden Aufenthaltsort bevorzugte.

Fern der Heimat schrieb Gerhart Hauptmann die beiden schlesischen Stücke "Fuhrmann Henschel" (1898) und das aus dem Vorspiel zu Shakespeares "Der Widerspenstigen Zähmung" entwickelte Scherzspiel „Schluck und Jau" (1900). Im gleichen Jahr kam das Künstlerdrama "Michael Kramer" heraus. Zu Beginn des neuen Jahrhunderts warf eine schwere Krankheit den Dichter noch einmal nieder. Als er von ihr genesen war, wandelte er sich auch äußerlich ganz zu der kraftvollen, in sich ruhenden Persönlichkeit, als die er im Bewußtsein des deutschen Volkes lebt. Er entfaltete jetzt auch ein reiches und vielseitiges Schaffen, oft arbeitete er gleichzeitig an verschiedenen Entwürfen. Er wird nun der Dichter, der, ohne dem Naturalismus seiner Frühwerke untreu zu werden, doch die ganze Vielfalt von Anregungen und schöpferischen Möglichkeiten seiner Zeit erfaßt und kraftvoll in immer neuartigen Werken gestaltet, der schließlich in seinem Gesamtwerk das ganze Universum abendländischen Geistes und abendländischer Kultur ausschreitet.

1901 erschien so die Tragikomödie "Der rote Hanhn", 1902 das Versdrama nach Hartmann von Aues "Der arme Heinrich", *1903 das sozial-*

kritische Schauspiel "Rose Bernd". Während seine Werke in fast alle Kultursprachen der Welt übersetzt, Bestandteil der Weltliteratur wurden, schrieb Hauptmann aus einer größeren Stoffülle und innerhalb eines immer weiteren Horizontes weitere Werke. 1905 besuchte er Stratford mit den Shakespeare-Gedenkstätten; am Avon brach er sich ein Schilfrohr, das er immer zu seinen kostbarsten Erinnerungsstücken zählte. Am 4. März desselben Jahres wurde im Lessing-Theater, das Brahm jetzt leitete, "Elga" uraufgeführt. Im folgenden Jahre entstand das Glashüttenmärchen "Und Pippa tanzt" (1906), ein Jahr darauf das Lustspiel "Die Jungfern vom Bischofsberge", das Erinnerungen an das Elternhaus seiner ersten Frau bei Dresden festhält. Aus Legende und Volksbuch schuf er "Kaiser Karls Geisel" (1908) und "Griselda" (1909). Anfang Januar 1911 erschien die naturalistische Tragikomödie "Die Ratten". Etwa gleichzeitig schrieb Hauptmann an den Romanen "Der Narr in Christo Emmanuel Quint" (1910) und "Der Ketzer von Soana" (1918). Eine besondere Stellung nimmt das Tagebuch "Griechischer Frühling" (1908), der Niederschlag seiner griechischen Reise im Jahre 1907, ein. 1912 wurde das zweite Künstlerdrama Hauptmanns "Gabriel Schillings Flucht", an dem er seit 1906 gearbeitet hatte, in Goethes Theater zu Lauchstädt uraufgeführt. 1914 brachte er in Berlin seine erste, ganz persönliche Auseinandersetzung mit antikem Stoff in "Der Bogen des Odysseus".

Der Ausbruch des ersten Weltkrieges und der Tod seiner ersten Frau im gleichen Jahr erschütterten den Dichter schwer. Aber sein Schaffen ging weiter. Nach Selma Lagerlöfs Erzählung "Herrn Arnes Schatz" schuf er die düstere "Winterballade" (1917). Kriegserlebnisse und die innere Abwehr gegen die Herrschaft der Gewalt regten ihn zu der dramatischen Phantasie "Der weiße Heiland" (1920) an um den Atztekenkönig Montezuma, den er abweichend von der Geschichte als Vertreter einer fortschrittlichen Humanität sieht, und um die gewalttätigen spanischen Eroberer. Aus der Auseinandersetzung mit Shakespeares "Sturm" erwuchs sein "Indipohdi" (1920), dessen Held Prospero ist. Aus dem Leiden über den Krieg und menschlichen Unverstand entstand auch sein großes Inquisitionsdrama "Magnus Garbe" (1915), das aber erst 1942 veröffentlicht wurde. 1924 vollendet er die Kriminaltragödie "Herbert Engelmann", eine scharfe Anklage gegen den Krieg. Sie blieb als Manuskript liegen und wurde erst 1952 durch Carl Zuckmayer herausgegeben. Dazu kamen epische und programmatische Schriften.

Das 1926 erschienene Schauspiel "Dorothea Angermann", eine scharfe Anklage gegen den Krieg. Sie blieb als Manuskript liegen und wurde erst 1952 durch Carl Zuckmayer herausgegeben. Dazu kamen epische und programmatische Schriften.
Das Schauspiel "Dorothea Angermann" vereinigt naturalistische Elemente mit Erfahrungen des Dichers in Amerika. Große Bedeutung maß Hauptmann seinem 1932 uraufgeführten Schauspiel "Vor Sonnenuntergang" bei, dessen Titel wohl andeuten soll, daß der Dichter es als Gegenstück zu seinem ersten dramatischen Werk aufgefaßt wissen wollte. Ein Jahr später kam in München "Die goldene Harfe" heraus, das nach den Befreiungskriegen spielt, aber ohne politischen Hintergrund nur um die irrende, schwankende Liebe eines der Wirklichkeit durch Trauer entfremdeten Mädchens geht.

Die Jahre nach 1930 gehören einem reichen epischen Schaffen und der letzten, reifen Auseinandersetzung mit den großen geistigen Bewegungen, die im Schaffen Hauptmanns wirksam geworden waren. 1935 erschien "Hamlet in Wittenberg", 1939 das legendäre und märchenhafte "Die Tochter der Kathedrale". Im gleichen Jahr wurde "Ulrich von Lichtenstein", ein Schauspiel um den späten Minnesänger, uraufgeführt. Während des zweiten Weltkrieges arbeitete Hauptmann an seiner Atriden-Tetralogie. Konsequent hatte ihn der Weg seines Schaffens zur Antike zurückgeführt, aber auch die aus dieser Begegnung entstehenden Werke tragen durchaus seine persönliche Note. 1941 kam "Iphigenie in Delphi" heraus, 1943 "Iphigenie in Aulis". Die beiden letzten Teile der Tetralogie "Agamemnons Tod" und "Elektra" wurden erst nach seinem Tode aus dem Nachlaß veröffentlicht.

Die letzten Lebenstage des Dichters waren überschattet von der deutschen Katastrophe, die seine geliebte schlesische Heimat als verheerendes Verhängnis traf. Er verließ den "Wiesenstein" nicht mehr. Immer entschiedener kam das Unglück der Vertreibung auf ihn zu, gegen das er sich mit letzter Kraft wehrte. Im April 1946 endlich willigte er in die Umsiedlung nach Berlin ein. Mitten unter den Vorbereitungen erkrankte er. Am 6. Juni 1946 starb er in Agnetendorf. Der Sonderzug, der bereits für seine Vertreibung aus der Heimat bereitstand, brachte nur seine Leiche nach Berlin. Am 28. Juli 1946 wurde er auf dem kleinen Friedhof zu Kloster auf Hiddensee zur letzen Ruhe bestattet.

## 1.2 Zeittafel

1862 Gerhart Hauptmann wird am 15. November im Hotel "Zur Krone" in Ober-Salzbrunn / Schlesien (heute: Szczawno Zdrój) geboren.

1868 Er besucht die Dorfschule.

1874 Er tritt in die 1. Klasse (Sexta) der Breslauer Realschule am Zwinger ein. Dort geht auch sein älterer Bruder Carl. H. zur Schule.

1877 G. Hauptmanns Vater muß das Hotel verkaufen. Er übernimmt die Bahnhofswirtschaft in Sorgau (Nowosiecle).

1878 G. Hauptmann verläßt die Breslauer Realschule und tritt eine Arbeit als Landwirtschaftélève auf dem Rittergut seines Onkels in Lohnig, später in Lederose an.

1879 Wegen seiner schwächlichen Konstitution bricht G. Hauptmann die Ausbildung ab. Privat will er sich auf das Realschul-Examen vorbereiten. Er scheitert.

1880 G. Hauptmann tritt in die Bildhauerklasse der Königlichen Kunst- und Gewerbeschule zu Breslau ein. – Plastische Arbeiten.
*Dramatische Fragmente. Gedichte.*

1881 Hochzeit seines Bruders Georg H. mit Adele Thienemann aus Hohenhaus (Dresden). – G. Hauptmann verlobt sich mit Adeles Schwester Marie Thienemann.
*"Liebesfrühling", "Poesie-Album" (Gedichte von 1875-1881), "Germanen und Römer".*

1882 G. Hauptmann verläßt die Kunstschule und immatrikuliert sich an der Universität Jena. Er belegt das Fach Geschichte.

1883 G. Hauptmann bricht am 7. Juli zu seiner ersten Mittelmerreise auf. – Bis zum März 1884 hält er sich in Rom auf. Er versucht sich als Bildhauer an einer Kolossalstatue, die zusammenstürzt. – Er erkrankt schwer an Typhus. Rückkehr nach Deutschland.

1884 Nach seiner Gesundung besucht G. Hauptmann die Zeichenklasse der Königlichen Akademie in Dresden. – Hochzeit seines Bruders Carl H. mit Martha Thienemann.
*"Der Hochzeitszug".*
Immatrikulation in Berlin. Schauspielunterricht. G. Hauptmann nimmt das Kulturleben der Stadt rege wahr.
*"Promethidenlos" und "Das bunte Buch" in Arbeit.*

1885 Hochzeit mit Marie Thienemann in Dresden. – Wohnung in Berlin-Moabit und erster Besuch auf Rügen (Hiddensee). – Umzug nach

Erkner (Villa Lassen). – Intensive literarische, theologische und sozial-politische Studien.
*"Promethidenlos" als Buch.*

1886 G. Hauptmann sucht die Verbindung zu literarischen Bewegungen in Berlin.

1887 Im Berliner Dichterverein "Durch" hält er am 17. Juni einen Vortrag über Georg Büchner. – Zeuge im Breslauer Sozialistenprozeß. – Wanderung durch das Riesengebirge.
*"Fasching" und "Bahnwärter Thiel" (novellistische Studien) entstehen.*

1888 G. Hauptmann hält sich bei der Familie seines Bruders Carl in Zürich auf. Studien bei Prof. Forel (Psychiatrie).
*Pläne zum Weberdrama.*

1889 G. Hauptmann lernt die Schwester des befreundeten Komponisten Max Marschalk (Margarete Marschalk) kennen (sie wird später seine zweite Frau). – Bekanntschaften mit A. Holz und J. Schlaf, M. Halbe und P. Schlenther. Arbeit am sozialen Drama mit einer sensationellen Uraufführung am 20. Oktober durch die "Freie Bühne" in Berlin. – Heftige Kritik.
*"Vor Sonnenaufgang"*

1890 G. Hauptmann ist als Dramatiker und Erzähler etabliert. – Verbindung zum Verlag Samuel Fischer.
*"Der Apostel" (Novelle) und "Das Friedensfest" (Drama).*

1891 G. Hauptmann sucht die Bekannschaft mit Henrik Ibsen. – Zusammen mit seinem Bruder Carl H. bezieht er ein Haus in Schreiberhau (Szklarska Poreba). – Er besucht zweimal die Webergebiete im Eulengebirge. – Die Dialektfassung des Dramas wird beendet.
*"De Waber".*

1892 Die Weber-Aufführung wird von den Berliner Ordnungsbehörden verboten. – G. Hauptmann besucht das Frankenland, um Material für das Geschichtsdrama "Florian Geyer" zu sammeln.
*"Kollege Crampton" (Komödie)* und *"Die Weber"* erscheinen in Buchausgaben.

1893 Uraufführung von "Die Weber" durch die "Freie Bühne" in Berlin. – Am 29. Mai im "Théâtre Libre" (Paris) in der französischen Fassung "Les Tisserands". – G. Hauptmanns Verbindung zu Margarete Marschalk wird enger. Ehekrise.
*"Der Biberpelz" (Komödie)* und *"Hanneles Himmelfahrt" (Traumdichtung).*

1894 Maria Hauptmann reist vorübergehend mit den Kindern Ivo (geb. 1886), Eckart (geb. 1887) und Klaus (geb.1889) in die Vereinigten Staaten zu einem Jugendfreund G. Hauptmanns. – Aussöhnung und Rückfahrt der Familie (3. Mai), dann aber endgültiger Bruch mit einer sich zehn Jahre hinziehenden schweren Krisenzeit.

1896 Die Stadt Wien verleiht G. Hauptmann den Grillparzer-Preis. *"Florian Geyer"* und *"Die versunkene Glocke" (Märchendrama)* uraufgeführt.

1897 G. Hauptmann bricht zu seinem zweiten Italien-Aufenthalt auf. Er wird von Margarete Marschalk begleitet. – Zusammentreffen mit seinen Brüdern Georg und Carl endet im Streit. – Freundschaft mit dem Theaterkritiker Alfred Kerr, der sich später enttäuscht von ihm abwenden wird.
*Verarbeitet in den Tagebuchaufzeichnungen "Italienische Reise 1897"* (vgl. Literaturangaben).

1898 Zweite Italienreise. – Der Vater stirbt. Arbeit an Dramenentwürfen. *Fuhrmann Henschel" (Drama)* uraufgeführt.

1899 Verleihung des Grillparzer-Preises für "Fuhrmann-Henschel".

1900 Umzug nach Agnetendorf (Jagniatkow) im Riesengebirge. – Geburt des vierten Sohnes Benvenuto.
*Uraufführungen* der *Komödie "Schluck und Jau"* und des *Künstlerdramas "Michael Kramer".*

1901 Einzug in das Haus "Wiesenstein" / Agnetendorf.
*"Der rote Hahn" (Tragikomödie)* uraufgeführt.

1902 Die erste russische Werkausgabe des Dichters.

1903 Tätigkeit als Geschworener. Krankheit.
"**Rose Bernd**" (**soziales Drama**).

1904 G. Hauptmann hält sich mehrere Monate in Italien auf. – Seine erste Ehe wird geschieden. – Am 18. September heiratet G. Hauptmann Margarete Marschalk.

1905 Zum dritten Male wird der Grillparzer-Preis an G. Hauptmann verliehen. – Er wird zum Ehrendoktor der Universität Oxford ernannt.

1906 Samuel Fischer bringt die erste deutsche Gesamtausgabe der Hauptmannschen Werke in sechs Bänden heraus.–Romanze mit der jungen Schauspielerin Ida Orloff.
*"Und Pippa tanzt" (Glashüttenmärchen)* uraufgeführt.

1907 Griechenlandreise. – Die Eindrücke der Begegnung mit der Antike werden im Reisetagebuch "Griechischer Frühling" festgehalten.

1908 *"Griechischer Frühling"* erscheint.

1909 Vortragsreisen G. Hauptmanns nach Wien, Prag, Leipzig, Hamburg, München und Zürich. – Die Universität promoviert ihn zum Ehrendoktor.

1910 Arbeit an Dramen und Romanen.
*"Der Narr in Christo Emmanuel Quint" (Roman)* erscheint.

1911 *"Die Ratten" (Tragikomödie)* uraufgeführt.

1912 Im Berliner Hotel Adlon begeht Hauptmann in einem großen Festakt seinen 50. Geburtstag. – Am 10. Dezember wird ihm der Nobelpreis für Literatur verliehen. – Neue Gesamt- und Einzelausgaben.
*"Gabriel Schillings Flucht" (Drama)* und *"Atlantis" (Roman)* veröffentlicht.

1914 Kriegsausbruch. – G. Hauptmann wieder in Agnetendorf. – Er tritt mit nationalistischen Gedichten und Presseartikeln hervor. – Er hält sich abwechselnd in Berlin, Agnetendorf und auf Hiddensee auf. – Seine erste Frau (Marie H., geb Thienemann) stirbt am 6. Oktober.
*"Der Bogen des Odysseus" (Drama)* wird uraufgeführt.

1915 G. Hauptmann arbeitet am Terzinen-Epos *"Der große Traum"*, an Schauspielen, Novellen und Romanen.

1917/ *"Winterballade"* uraufgeführt. –
1918 *"Der Ketzer von Soana" (Novelle)* erscheint.

1921 G. Hauptmann weist Gerüchte zurück, die ihn in Verbindung bringen mit einer Kandidatur für das Amt des Reichspräsidenten. – Die Universität Prag verleiht ihm die Ehrendoktorwürde. –
*"Peter Brauer" (Tragikomödie)* uraufgeführt. – Filmprojekte: *"Die Ratten" – "Hanneles Himmelfahrt".*

*1922 Ein 'politisches Jahr' des Dichters: Zusammen mit F. Nansen und M. Gorki veröffentlicht G. Hauptmann die Schrift "Rußland und die Welt".* – Am 24. Juni wird der Reichsaußenminister W. Rathenau von politischen Attentätern ermordet. – G. Hauptmann hält Vorträge über seine politischen Vorstellungen einer nationalen Erneuerung Deutschlands. – Ehrungen zu seinem 60. Geburtstag in Berlin und Breslau. – Zwölfbändige Gesamtausgabe.

1924 Aufenthalt mit Th. Mann auf Hiddensee. – Ordensverleihung an G. Hauptmann "Pour le mérite" (Friedensklasse).
*"Die Insel der großen Mutter" (Roman)* erscheint.

1925 G. Hauptmann hält sich in den ersten Monaten der Jahre 1925-1931 in Rapallo und Lugano (Italien) auf.
*"Veland" (Schauspiel)* uraufgeführt.

1926 Herausragende Ereignisse sind die Ring-Uraufführung des Schauspiels "Dorothea Angermann" in Wien, München, Leipzig und 14 weiteren Städten sowie eine japanische Buchausabe mit sieben Hauptmann-Dramen.

1927 Mitwirkung G. Hauptmanns an Film- und Bühnenprojekten ("Die Weber" – Stummfilm – und "Hamlet", Hauptmanns Bearbeitung der Shakespeare-Tragödie).
*"Die versunkene Glocke"* uraufgeführt.

1828 Am 22. Juli hält G. Hauptmann eine Rede in der Aula der Heidelberger Universität: "Der Baum von Gallowayshire" (Zur Entstehung des deutschen Dramas).
*"Wanda" (Roman)* veröffentlicht.

1932 Jahr der 'Ehrungen' anläßlich des 70. Geburtstages des Dichters. – Ehrendoktorwürde der Columbia-Universität in den USA. – Festakte in Prag, Wien, Dresden, Breslau, Hamburg, Leipzig. – Ehrenbürgerschaften in Schreiberhau und Bad Salzbrunn.
Neue Gesamtausgaben des dramatischen Werkes; Sonderausgaben.
*"Vor Sonnenuntergang" (Schauspiel)* uraufgeführt.

1933 Mit der Machtübernahme A. Hitlers und dem Beginn des "Dritten Reiches" endet nach Hauptmanns eigenen Worten 'seine Epoche'. – Er zieht sich aus dem öffentlichen Leben nahezu ganz zurück.
*"Die goldene Harfe" (Schauspiel)* uraufgeführt.

1934 Tod des Freundes Max Pinkus und des Verlegers S. Fischer.

1935 In den Jahren bis zum Kriegsausbruch arbeitet G. Hauptmann an begonnenen Werken, wirkt an Filmprojekten mit.
*"Hamlet in Wittenberg" (Schauspiel)* uraufgeführt.

1936 *"Im Wirbel der Berufung" (Roman)* erscheint.

1937 *"Das Abenteuer meiner Jugend" (Autobiographie)* erscheint.

1939 Beginn des Zweiten Weltkrieges.
*"Tochter der Kathedrale" (dramatische Dichtung)* und *"Ulrich von Lichtenstein" (Komödie)* uraufgeführt.

1940 Tod Max Marschalks.

1941 *"Iphigenie in Delphi" (Tragödie)* uraufgeführt.

1942 Zum 80. Geburtstag des Dichters zurückhaltende Ehrungen durch das Naziregime. – Bei S. Fischer erscheint "Das gesammelte Werk" in 17 Bänden. – Festaufführungen.

1943 G. Hauptmann reist zum letztenmal nach Bad Salzbrunn. *"Iphigenie in Aulis" (Tragödie)* uraufgeführt.

1944 Vereinsamung und Vergreisung des Dichters.

1945 Dresden wird am 13. Februar durch Bomenangriffe der Alliierten vernichtet. – G. Hauptmann erlebt den Untergang der Stadt mit. – Am 9. Mai besetzen sowjetische Truppen Agnetendorf. Das Haus "Wiesenstein" untersteht polnisch-sowjetischem Schutz. – Botschaft G. Hauptmanns an das deutsche Volk.

1946 Tod des Dichters am 6. Juni. Beisetzung am 28. Juli auf Hiddensee.

1947/ Bis zur Herausgabe der Gesamtausgabe im Propyläen Verlag
1948 anläßlich des 100. Geburtstages G. Hauptmanns posthume Veröffentlichungen, Uraufführungen, Werkausgaben, Filmfassungen und Ehrungen.
*"Die Finsternisse" (Requiem), "Mignon" (Novelle).*

Grundlage für alle biographischen und werkgeschichtlichen Daten ist die von C.F.W. Behl und F.A. Voigt heraugegebene "Chronik von Gerhart Hauptmanns Leben und Schaffen" (München 1957).
Bis zum gegenwärtigen Zeitpunkt ist die Herausgabe aller Schriften G. Hauptmanns noch nicht abgeschlossen.

**Ehrungen**:

1898 Grillparzer-Preisträger

1905 (Volks-)Schiller-Preisträger, Ehrendoktorwürde der Universität Oxford, erneut Grillparzer-Preisträger

1912 Nobelpreisträger für Literatur

1918 Träger des Rote Adler Ordens 4. Klasse

1921 Auszeichnung mit dem Adlerschild des Deutschen Reiches, Ehrendoktorwürde der Universität Prag

1924 Träger des Ordens "Pour le Mérite" (Friedensklasse)

1932 Auszeichnung mit dem österreichischen großen Ehrenzeichen mit Stern, Ehrendoktorwürde der Columbia-Universität (New York), Auszeichnung mit der Rathenau-Medaille und der Preußischen Staatsmedaille in Gold

1942 Träger des Niederschlesischen Schrifttumspreises, Ehrenbürger der Breslauer Universität, Auszeichnung mit der Eichendorffplakette.

## 1.3 Forschungslage

Frank Wedekind hat Gerhart Hauptmanns gewaltige Arbeits- und Schaffenskraft mit der Leistungsfähigkeit einer Dampfmaschine verglichen. Dem Wolf entkommen, auf einem tragfähigen Plateau zur Ruhe gelangen: Gerhart Hauptmann war es nicht vergönnt, eigentlich immer nur vorübergehend

Forschen, Schreiben, Reisen – dieser Zyklus bestimmte wie ein ehernes Gesetz das Leben des Menschen und Künstlers Gerhart Hauptmann. Am Lebensende steht eine ungeheure Bilanz vor der Nachwelt: ein abgeschlossenes Werk von über 40 Bühnenstücken, mehr als 20 Romanen, epischen Gedichten, Novellen, Erzählungen; Reden und Aufsätze, dazu autobiographische Schriften und Tagebücher – und noch einmal von vergleichbarem Umfang: Entwürfe, Überarbeitungen, Briefe, Dialektfassungen.[4)]

Ein Werk dieses Ausmaßes zieht begreiflicherweise eine schier unübersehbare Fülle von analysierenden und deutenden Schriften der berufsmäßigen Kritik und Literaturwissenschaft nach sich. Dennoch weist die Erforschung des Gesamtwerkes und seiner geistigen Beziehungen zur Tradition sowie seiner Wirkung noch Leerstellen auf. Zu nennen sind Aspekte wie 'Dostojewski und Hauptmann', 'Wagner und Hauptmann' oder die Wirkungs- und Rezeptionsgeschichte Gerhart Hauptmanns. Darauf wird auf den folgenden Seiten noch eingegangen. Insgesamt, so darf trotzdem zusammengefaßt werden, sind Leben und Werk von der Forschung in allen relevanten Bereichen erschlossen und dargestellt.[5)]

Es ist verständlich, daß *ein* Hauptinteresse der Forschung seit Beginn der kritischenRezeption dem Menschen Gerhart Hauptmann gegolten hat. Die Persönlichkeit des Künstlers war und ist für die Forschung immer wieder eine Herausforderung.[6)]

---

4) Hauptmanns handschriftlicher Nachlaß wird in der 'Stiftung Preußischer Kulturbesitz' in der West-Berliner Staatsbibliothek verwaltet.

5) Wir folgen in großen Zügen H.-J. Schrimpfs Einleitung in Wege der Forschung/IX/XLIII und S. Hoeferts Darstellung, freilich mit anderer Schwerpunktsetzung und Ergänzungen.

6) Bedeutende biografische und monografische Darstellungen sind die von *P. Schlenther*: „Gerhart Hauptmann. Sein Lebensgang und seine Dichtung“ (1898),

Ein gleiches Interesse gilt dem *Gesamtwerk*, zu dem Hilscher (1979) und Guthke (1980) aus der jüngeren Forschung das Gültigste erstellt haben. Guthke bettet die Geschlossenheit des Hauptmann'schen Werkes in dessen Weltbild einer „räumlich-zeitlichen Wirklichkeit" gebunden an eine „überreale Sphäre" (Hoefert/91). Hilschers überaus kenntnisreiche Darstellung läßt zum Bedauern eine kritische Verarbeitung auch westlicher Forschungsergebnisse vermissen.
Von zentraler Bedeutung für die Werkerschließung werden u.a. die *Jesus-Studien* Hauptmanns angesehen. Sein Kampf um Einsicht und Erleuchtung durchzieht alle Stationen seines Lebens und kennzeichnet ganz wesentlich Teile seines Werkes. Besonders wird die gehäufte Lichtsymbolik (sie ist schon in den frühen Novellen „Bahnwärter Thiel" und „Der Apostel" auffallend verwendet), in der Forschung als Widerspiegelung der „geistig-religiösen Auseinandersetzungen" Hauptmanns angesehen (Hoefert/93). Neben den erwähnten Novellen legen davon die Fragmente zweier Jesus-Dramen und der Roman „Der Narr in Emanuel Quint" (1910), entfernt das Drama „Der weiße Heiland" (1920) u.a. Zeugnis ab. Anklänge wird der Leser auch in dem hier dokumentierten und erläuterten Stück finden.
Zahlreiche Einzeluntersuchungen wenden sich detailliert auch den weniger umfassenden Problemkreisen des Gesamtwerkes oder einzelner Texte zu, dem *Gesellschaftsbild*, der *Motivverwendung*, *gattungstheoretischen Fragen*, der *Rolle des Künstlers*, *Aufbauproblemen* und der *Sprache* im Erzähl- wie im Bühnenwerk.
Innerhalb der Untersuchungen zum *Gesellschaftsbild* des Künstlers ist das bereits 1938 von H. Barnsdorf publizierte Buch „Die soziale, politische und wirtschaftliche Zeitkritik im Werk Gerhart Hauptmanns" wichtig. Schwächen werden jedoch in der unbefriedigenden Aufarbeitung der künstlerischen Intentionen und der im ganzen zu hohen Einschätzung der „zeitkritischen Bewußtheit" Hauptmanns gesehen (Hoefert/94). – Der Frage wird in diesem Band auf beide Bühnenstücke bezogen nachgegangen.

---

*K. Sternberg*: „Gerhart Hauptmann. Der Entwicklungsgang seiner Dichtung" (1910), *H. v. Hülsen*: „Gerhart Hauptmann. Siebzig Jahre seines Lebens" (1932), *F.A. Voigt*: „Chronik von Gerhart Hauptmanns Leben und Schaffen" (1957), *J. Amery*: „Gerhart Hauptmann. Der ewige Deutsche" (1963), *H. Daiber*: „Gerhart Hauptmann oder Der letzte Klassiker" (1971), *E. Hilscher*: „Gerhart Hauptmann" [3](1979), *K.S. Guthke*: „Gerhart Hauptmann" (1980).

Kritisch äußern sich Lukacs (1932), Shepard und Chodera (1952) zum *sozial-politischen Engagement* bei dem jungen Gerhart Hauptmann. Alle drei kommen zu der verhältnismäßig übereinstimmenden Ansicht, derzufolge Hauptmann stark emotional, in strategischer Hinsicht allzu naiv, das soziale Empfinden seiner Zeit an seine „messianic vision" band und politisch, sogar einschließlich seines „Florian Geyer" (1896 uraufgeführt), unverbindlich blieb.

In weiteren Veröffentlichungen von Rang heben Wolff und Guthke das *Leid als „zentrales Sinnmotiv"* im Schaffen Gerhart Hauptmanns hervor (vgl. H. Wolff. „Der Alte Hilse". In: Wege der Forschung/250-259 und S. Hoefert/94).

Eine Reihe von Titeln im Werk Hauptmanns hat *'Träume' als Motivhintergrund.* Zu nennen sind u.a. „Hannele". Traumdichtung (1894), „Des großen Kampffliegers, Landfahrers, Gauklers und Magiers Till Eulenspiegel Abenteuer, Streiche, Gaukeleien, Gesichte und Träume" (1928), „Blaue Blume" (1929), „Der große Traum" (1942). – Aus den Arbeiten, die sich mit diesem Motivkomplex auseinandersetzen, wird Gutknechts Darlegung aus dem Jahre 1954 für besonders erwähnenswert gehalten. Zentrale Aussage dieser Studie ist, daß der Traum „geradezu an den Lebensnerv" in Hauptmanns Dichtungen führe. (Hoefert/95) – Weitere Titel drücken *Märchenhaftes, Phantastisches* aus: „Das bunte Buch. Gedichte, Sagen, Märchen" (1888), „Die versunkene Glocke. Ein deutsches Märchendrama" (1897), „Und Pippa tanzt. Ein Glashüttenmärchen" (1906). Sie alle verraten Hauptmanns *Orientierungsversuche am Mythos.* Dazu schreibt der Hauptmann-Kenner Behl: „Es gibt keinen Dichter deutscher Zunge, der – „die Phantasie als Erkenntnisorgan nehmend" – durch die Kraft innerer Schau so tief ins Unbetretene-Niezubetretende vorzudringen vermöchte wie Gerhart Hauptmann." (C. F. W. Behl. Die Magie des Elementaren. In: Wege der Forschung/106).

*Menschen und Landschaften* in unerhörter Vielfalt bestimmen den 'Lebenshintergrund' in Hauptmanns Werk. Sie sind seiner Anschauung und seiner tiefen Leidenschaft für alles Kreatürliche erwachsen. Hauptmann unterscheidet sich auch hier von den Naturalisten. Die Forschung hat sich entsprechend mit Hauptmanns Verhältnis zu Mensch und Landschaft befaßt. Gerhart Hauptmann erkannte die „Verflochtenheit des Individuums mit Angehörigen der Familie und mit Freunden, mit Heimat, Volk und Gesellschaft". (Tank/81) Ob in den Anfängen seines Schaffens oder im gereiften Alter: Seine Liebe galt den Menschen und natürlichen Lebensräumen, die sie umgaben: Italien und Griechenland, Hiddensee (Rügen), Hohenhaus und endlich das Riesengebirge.

In besonderer Weise war Gerhart Hauptmann von den ältesten Kulturen des Abendlandes berührt. Aus ihnen schöpfte er, sicherlich nicht im Sinne einer wissenschaftlichen Durchdringung, Wissen und Erkenntnis. Die Bedeutung der *Antike* für sein eigenes Schaffen ist zum Gegenstand vieler eingehender Betrachtungen geworden. Aus der umfangreichen Literatur sind besonders W. Emrichs Untersuchung zum „Tragödientypus Gerhart Hauptmanns" (1953), „Das Opfer der delphischen Iphigenie" von K. Hamburger (1953/54) und „Gerhart Hauptmanns 'Iphigenie von Delphi' und die Krise der Kunst des Dramas" von C. David (1959) hervorzuheben. ( Vgl. Wege der Forschung)[7)]

Als weiteres Forschungsfeld erweist sich das Verhältnis des Dichters zur deutschen Kultur und zu den nationalen Literaturen in Europa. Hauptmann besaß ausgezeichnete Literaturkenntnisse, (speziell deutsche). Dies bezeugen die vielen Reden, Aufsätze, zu Festanlässen oder als Zeitschriftenbeiträge veröffentlicht: Nachruf auf Tolstoi (1910), Äußerungen über Strindberg (1912), Rede anläßlich einer Shakespeare-Tagung (1927), um nur einzelne anzuführen.

Die Begegnungen mit den wirkenden Kräften der *deutschen Geschichte und Literatur* zeitigte weitverzweigte Ergebnisse in seinem Werk. Die Forschung ist ihnen nachgegangen. Besonders stattlich ist die Zahl der Untersuchungen zu den Beziehungen von Leben und Werk zwischen Goethe und Hauptmann.

Weitere Untersuchungen zum Verhältnis Hauptmanns und der Romantiker, zu den Mit-Naturalisten und zu Nietzsche liegen vor. Ebenso sind der Beziehungsreichtum und die Einflußdichte der ausländischen Literatur in Hauptmanns Werk mannigfach aufgespürt und dargelegt worden, so die Shakespeares, Tolstois, Ibsens und Zolas. Wichtige unter ihnen

---

7) Gerhart Hauptmann unternahm mehrere Italien- und Griechenlandreisen. Er verarbeitete seine Erlebnisse in vielen Werken. Persönlichste Bücher sind „Italienische Reise 1897. Tagebuchaufzeichnungen" und „Griechischer Frühling" (1907).

sind die Arbeiten H. Razingers zur Hamlet-Gestalt (1952), G. Hurums zum Ibsen-Einfluß (1960) und G. Kerstens zur Wirkung Tolstois (1969).

Die Aufarbeitung *formaler Aspekte* im Werk Hauptmanns bleibt hinter den biographischen sowie thematisch-weltanschaulichen deutlich zurück (Hoefert/97). Bemerkenswert sind hier die Erhellungen von N. E. Alexander (1964), L. Lucas (1969) und G. Bauer (1969) zu Stilprinzipien und Aufbauproblemen im Dramenwerk Gerhart Hauptmanns. Aus den Nachkriegsjahren ragt P. Böckmanns Untersuchung zur Sprachgebärde im naturalistischen Werk Hauptmanns heraus. Zentral sind die Untersuchungen K. Schneiders und K. S. Guthkes zum Verhältnis von Komik und Tragik (1957).

Im *Ausland* sind England, Polen und die USA, die UdSSR sowie die DDR um die *Hauptmann-Forschung* sehr bemüht. Trotz einer verstärkten Hinwendung zu Leben und Werk des schlesischen Dichters gibt es allerdings keine richtungsweisende Neuveröffentlichung zu bislang vernachlässigten Aspekten.

Die am meisten verbreitete Aufnahme in Rußland fand das soziale Drama „Die Weber“. Gründliche Untersuchungen zur Rezeption und Wirkung gerade dieses Werkes liegen vor ( E. Mandel 1967). Hoefert und Kreft haben sich mit rezeptionsgeschichtlichen und wirkungsgeschichtlichen Untersuchungen zu Hauptmanns Werk in den slawischen Literaturen verdient gemacht.[8)]

Unter den interessantesten Ansätzen, die Wirkungen Hauptmanns in der neueren (deutschen) dramatischen Literatur aufgreifen, sind in erster Linie H. Reicherts und R. Koesters Arbeiten zu B. Brecht und C. Zuckmayer (1961/1970) zu nennen.

Zum Schluß dieser als schwerpunktmäßige Hinweise zu wertenden Erläuterungen der Forschungslage läßt sich die Mutmaßung anbringen, daß eine rezeptions- und wirkungsgeschichtliche Darstellung Gerhart Hauptmanns aufgrund seines unerhört vielfältigen Werkes in naher Zukunft kaum zu erwarten ist.[9)] Dem Leser, dem es um das Verfolgen

---

8) Interessant ist für den westlichen Literaturdidaktiker und Deutschlehrer der hohe Stellenwert, der Hauptmanns „Weber“-Drama im Lektüreplan der DDR-Schulen eingeräumt wird.

9) Vgl. K. S. Guthke, S. 8

des einen oder anderen Gedankenganges geht, kann sicherlich mit der orientierenden Literatur geholfen werden.

Dies sei mit der Bitte um Verrständnis hinzugefügt: Die Ausführungen wollen zum Weiterlesen anregen. Sie sind hoffentlich so klärend wie nötig, können aber nicht erschöpfend sein.

## 2. Entstehung und Aufnahme von „Rose Bernd“

Als er eben den "Armen Heinrich“ vollendet hatte, wurde Gerhart Hauptmann in seinem Heimatkreis Hirschberg als Geschworener berufen. Als solcher hatte er vom 15.-17. April 1903 an einer Verhandlung des Schwurgerichtes gegen eine ledige Landarbeiterin teilzunehmen, die wegen Mordes an ihrem unehelichen Kind und wegen Meineides angeklagt und auch geständig war. Zum Schrecken der Juristen stimmte Hauptmann mit der Mehrheit der Geschworenen für einen Freispruch. Dieses Gerichtsverfahren muß Hauptmann innerlich lebhaft beschäftigt haben. Ein altes soziales Problem, das seit dem „Sturm und Drang“ die besten Geister bewegt hatte, das der sozialen Verurteilung und Ächtung der unehelichen Mutter, die durch Angst vor der Gesellschaft, aus Scham und Verzweiflung dazu getrieben wird, ihr Kind zu töten, stand plötzlich in aller Lebenswirklichkeit vor ihm. Seit Heinrich Leopold Wagners (1747-79) „Kindsmörderin“ (1775), von der Goethe behauptete, ihr Dichter habe den Stoff aus seiner Gretchen-Tragödie, deren Plan er ihm gesprächsweise mitgeteilt habe, und dann seit dem „Faust“ war dieser Stoff Gegenstand der Literatur gewesen. Von der Dichtung her hatte sich auch immer wieder die Diskussion zwischen den Juristen und den Verfechtern der Humanität entzündet. Jetzt stand dieses aus der Literatur wohlbekannte Problem vor Hauptmann, und man verlangte von ihm eine Entscheidung, die er, seiner geistigen und sozialen Gesinnung nach, nur gegen das formale Recht im Sinne der Humanität und des sozialen Fortschrittes fällen konnte.

Schon am Abend des 16. April, also am Tag vor der Urteilsverkündung, hat Hauptmann im Hotel „Drei Berge“ zu Hirschberg dem Sekretär Albert Birke Entwürfe zu einem Kindsmörderin-Drama diktiert, das nach seiner damaligen Vorstellung den Titel „Rose Immoos" haben sollte. Die lebhaften Diskussionen, die das Urteil in der Tages- und Fachpresse entfesselte, und in deren Mittelpunkt immer wieder der Dichter Gerhart Hauptmann stand, in denen er angegriffen oder gelobt wurde, sorgten dafür, daß das Interesse an diesem Stoff lebendig blieb. Als Geschworener wurde Hauptmann freilich wegen seiner Haltung bei künftigen Verfahren von der Staatsanwaltschaft abgelehnt. Aber in Agnetendorf schrieb er während des Sommers 1903 sein Schauspiel, das dann endgültig *„Rose Bernd"* hieß. Von dem Prozeß selbst, der die Anregung gab, blieb nicht allzu viel, nur das Grundmotiv blieb erhalten, der Kindsmord in der Verzweiflung abgrundtiefer Scham und Angst. Aber darüber hinaus wurde der Stoff ausgeweitet zum lebensvollen Bild der Heimat, die Szene wurde mit charakteristischen Gestalten dieser Landschaft, lebensbejahenden Großbauern, Kätnern, Frömmlern und Sektierern gefüllt. Mit einem Lokomobilmaschinisten wird auch die selbst auf dem Lande zersetzend wirkende, gewohnte Ordnungen aufhebende moderne Technik eingeführt. Seit „Vor Sonnenaufgang" war es Hauptmanns Überzeugung, daß der Übergang von den alten bäuerlichen Ordnungen in eine technisierte moderne Welt sich nicht ohne schwere Krisen vollziehen könne, daß er mit der Auflösung überlieferter Lebensformen auch die sittlichen Grundlagen zersetzen und mindestens vorübergehend aufheben müsse, bis sich aus neuen Lebensformen *auch neue Grundlagen der Sittlichkeit entwickeln könnten.*

Die Uraufführung des Stückes fand am 30. November 1903 im Deutschen Theater in Berlin statt. Else Lehmann spielte die Titelrolle. Es wurde ein eindeutiger und allgemeiner Erfolg. Nach der Vorstellung hielt Hugo von Hofmannsthal eine Ansprache, in der er sich zur Kunst Hauptmanns bekannte. Während zahlreiche andere Bühnen das Werk nachspielten und zum Teil sensationelle Erfolge damit hatten, gab es in Wien Schwierigkeiten. Wohl hatte das Burgtheater das Stück in seinen Spielplan aufgenommen und Anfang 1904 mit großem Erfolg herausgebracht. Aber es wurde dann auf einen Wink des Hofes hin, den die sittlich entrüstete Erzherzogin Marie Valerie, die Tochter des Kaisers Franz Joseph, die mit dem Erzherzog Franz Salvator verheiratet war, über ihren Vater erreicht hatte, nach der fünften Aufführung abgesetzt. Auf Wiener Vorstadtbühnen wurde das damit offiziell als „unanständig" anerkannte und deshalb doppelt zukräftige Stück zwar unvollkommen, aber mit demonstrativem Erfolg nachgespielt. Dieser Eingriff des Hofes gegen ein Werk, das schon bald in die Weltliteratur einging, erregte die Gemüter im ganzen deutschen Kulturgebiet, er hat dem Ansehen des Hauses Habsburg mehr Abbruch getan als viele politische Mißerfolge. Aber er hat den Siegeslauf dieses Werkes, dessen „Freiheiten" bis zum Ersten Weltkriege immerhin als sensationell empfunden wurden, nicht behindert. Es ging über alle deutschen Bühnen und wurde bald auch in andere Sprachen übersetzt.

Als eines der ersten Stücke Hauptmanns wurde es auch für den Film entdeckt. 1919 wurde ein Stummfilm nach dem Schauspiel gedreht, in dem der damals gefeiertste Star des deutschen Filmes, Henny Porten, die Hauptrolle spielte. Es blieb nicht bei diesem einen Film, auch der Tonfilm übernahm das Drama bis in die Gegenwart. 38 Jahre nach dem Wiener Verbot wurde das Stück im November 1942 im Wiener Volkstheater als Festaufführung herausgebracht. Es gehört auch zu den meistgelesenen Dramen Hauptmanns, zwischen 1903 und 1942 kam es außer in Sammelwerken in 40 Auflagen allein heraus. Heute gehört "Rose Bernd" zu den Stücken Hauptmanns, die eindeutig und allgemein und in der ganzen Kulturwelt den Rang der Klassizität erreichten. Es ist auch nach dem Zweiten Weltkriege in zahlreichen Neudrucken verbreitet und hat auch Eingang als Schullektüre gefunden.

Während das Schauspiel im Auslande zu den verhältnismäßig häufiggespielten Werken Hauptmanns zählt, bleibt die Aufführungshäufigkeit im Vergleich zu anderen Stücken in Deutschland zurück und scheint dem hohen literarischen Rang, den Literatur- und Theaterwissenschaft ihm einräumen, nicht zu entsprechen. Wohl gehören die Hauptrollen zu den Glanzleistungen der bedeutendsten Charakterdarsteller, aber sie kommen nur selten dazu, sie zu spielen. Auch wenn wir heute nichts mehr von der Sensation verspüren, die sich einst mit den Aufführungen verband, so beweist doch jede Vorstellung erneut *die ungebrochene Lebenskraft des Stückes*. Wenn also die Bühnen es selten spielen, so hat das einen anderen Grund. Die Regisseure sehen ein Haupthindernis in dem schlesischen Dialekt, in dem das Stück durchgehend geschrieben ist. Zwar erklärte C. F. W. Behl, der Freund und hervorragende Kenner Hauptmanns und seiner schlesischen Heimat, daß der Dichter der schlesischen Mundart mit diesem und seinen anderen schlesischen Stücken „ihre Würde wiedergegeben" habe. Aber was nützt die

Würde, wenn nur wenige Schauspieler diesen Dialekt beherrschen. Gerade in diesem Stück aber gibt es kein Ausweichen, es verliert seine Eigenart, wenn der Dialekt nicht getreu wiedergegeben wird. Aber nur wenige Bühnen haben genug Schauspieler, die Schlesisch zu sprechen verstehen.

„Durch die Gründung der Besucherorganisation 'Frei Bühne' am 5. April 1889 forcieren führende Theaterdirektoren und -kritiker ... den Durchbruch der modernen Stücke. Dem Theaterverein folgt 1890 die von Brahm auf liberaler Linie gehaltene Zeitschrift 'Freie Bühne für modernes Leben' zur Propagierung der 'Moderne', die ab 1894 als 'Die neue Rundschau' bis heute erscheint. Dieser mittlere Kurs und die Favorisierung Gerhart Hauptmanns führen am 29.7. 1890 zur Errichtung eines gesonderten Bühnenvereins für Arbeiter, der 'Freien Volksbühne', durch die stärker sozialistisch ausgerichteten Publizisten Wille und Bölsche. Die hiermit eingeleitete Volksbühnen-Bewegung sollte den Rezeptionskreis von Literatur energisch auf die Arbeiter hin erweitern und die Aufführungen vom Kommerztheater übergangener politisch brisanter Stücke ermöglichen. Dieses Vorhaben wurde bereits 1892 durch die Absplitterung der 'Neuen Freien Volksbühne' unter Wille geschwächt“.[10)]

## 3. Werk und Idee

Wenn auch ein Gerichtsverfahren Gerhart Hauptmann zu seinem Schauspiel angeregt hat, das Verfahren selbst gestaltet er nicht. Es geht ihm hier ebenso wenig wie in seinen anderen Werken um das, was man irdische Gerechtigkeit nennt. Es geht ihm um die menschlichen Anliegen und Hintergründe, die überhaupt erst den Apparat dieser irdischen Gerechtigkeit in Bewegung setzen, ohne über ihn im Grunde Klärungen, Lösungen oder gar Besserungen finden zu können. Es geht ihm um soziale Probleme, um Fragen des menschlichen Zusammenseins in einer uneinheitlich gewordenen Welt, in der Gegensätze von Arm und Reich, von überlieferten Lebensformen und neuen Anschauungen und

10) W. Dimter in: Diether Krywalski (Bd. 2), S. 365.

Verhältnissen, die solche ursprünglichen Formen und Anschauungen zersetzen, das Menschliche in harte, aus sozialem Vorurteil oder aber auch aus religiöser Überspanntheit gewonnene Wertordnungen einfügen, an denen die lebendige und nur dem Gesetz des Lebens gehorchende wahre Ordnung, das Leben selbst, zerbricht (vgl. 7.1-7.4).

Es geht nicht um Schuld und Sühne, sondern um das Leiden an der Welt und die Möglichkeit, es aufzuheben. Nicht der einzelne Mensch, der seinen guten und lebensvollen Trieben folgt, geht falsch, die Welt um ihn ist in Unordnung, und es wird das Natürliche zur Unnatur, der Weg des Lebens zum Irrweg in der Gesellschaft, der in der Eiseskälte der Liebesleere, in Erstarrung und Vernichtung endet. Die Welt um diesen unschuldig schuldig gewordenen Menschen aber richtet sich in konstruierten Schanzen ein, die sie Sitte, Ehre, Gerechtigkeit nennt, in die sie aber der letzten und tiefsten Menschenliebe, der Menschlichkeit, den Zugang nicht gestattet. Sie macht sich selbst zu einer Welt des Leidens und der Tränen.
Was diese Welt mit ihrer genormten und organisierten Gerechtigkeit mit der unglücklichen Kindesmörderin macht, zeigt Hauptmann nicht. Ein Gerichtsverfahren könnte diese Welt nicht ändern und bessern, sie könnte dem übermächtigen Leid nur neues hinzufügen. Mit dem Kindesmord endet das Stück, es bleibt dem Zuschauer überlassen, zu erdenken, was folgen muß und wird. Es geht also nicht um die Folgen des Mordes an einem neugeborenen Kinde, sondern um den verhängnisvollen Weg zu ihm. Den Prozeß, den der *alte Bernd* gegen den verkommenen Lokomobilisten *Streckmann* führt, hat Hauptmann erfunden. Jede Kritik an der Justiz unterbleibt. Gelegentlich haben Juristen darauf hingewiesen, daß es nicht einmal sehr wahrscheinlich ist, daß das Gericht diesen Eid überhaupt gefordert oder zugelassen hätte, da die anderen Beteiligten dieses Prozesses, Streckmann, der wegen Beleidigung und Körperverletzung Angeklagte, und *Flamm*, der Zeuge, aus Haß oder aus anerzogenem Pflichtgefühl die Situation genügend aufgeklärt hatten, so daß eine Vereidigung Roses als Beweismaterial überflüssig war. Aber darüber geht Hauptmann hinweg, weil es für das, was er in seinem Schauspiel gestalten will, ohne Bedeutung ist. Höher als Recht und Gerechtigkeit steht ihm die Menschlichkeit, die nur aus der Kraft überwindender Liebe wirksam werden kann. Gerade hier aber wächst ihm aus der Handlung seines Schauspieles die edle Gestalt des

körperlich so benachteiligten und selbst im dargestellten Konflikt schwer mitgenommenen *August Keil* zu, der aus allem Frömmlertum, das Vater Bernds bürgerliche Härte nicht zu überwinden vermochte, als einziger im Stück – zu spät – das Wort der uneigennützigen, ganz menschlichen Liebe des Mitleidens mit dem leidenden Mitmenschen findet, das zum erlösenden Wort hätte werden können, wenn es in der ihn und Rose umgebenden Welt nicht allzu fremd gewesen wäre.

## 4. Sachliche und sprachliche Erläuterungen

In der ihm wohl vertrauten Gegend von Striegau, nördlich der Kreisstadt Schweidnitz am Rande des Bobergebirges, hat Hauptmann *Rose Bernd* und die Menschen um sie angesiedelt. Vom Mai 1878 bis September 1879 war der junge Hauptmann hier Eleve auf dem Gute Lederose seines Onkels Gustav Schubert. Er besuchte seine einstige Wirkungsstätte Pfingsten 1881 erneut. Damals lernte er bei der Tante Julie – der Onkel war inzwischen verstorben – die Gutselevin Anna Grundmann kennen, zu der er ein allerdings einseitiges tiefes und nachhaltiges Liebeserleben fühlte. Sie war nach seinem eigenen Zeugnis „einer unwiderstehlichen Schönheit mächtigster Inbegriff". Viel später, 1921, hielt er sein damaliges Erlebnis in dem 24 Gesänge umfassenden Hexametergedicht „Anna – ein ländliches Gedicht" fest. Aber es ist mehr als wahrscheinlich, daß sich bereits 1903 das Erscheinungsbild Annas dem Dichter auch mit dem seiner Rose Bernd verband. Die Angeklagte des Hirschberger Prozesses, die Landarbeiterin und zeitweilige Kellnerin Hedwig O., bot ihm als wohl recht durchschnittliche Person keinen Anhalt für eine dramatisch wirksame Rolle. Die sinnliche Anziehungskraft Annas, ihre gesunde Schönheit und ihre Natürlichkeit werden auf Rose Bernd ausgestrahlt haben, auch wenn sie nichts von Roses Schicksal hatte, worüber Hauptmann übrigens 1903 wahrscheinlich nichts wußte. Es gibt jedenfalls kein Zeugnis dafür, daß er nach 1881 noch Verbindung mit Anna aufrecht erhielt, sie war 1903 für ihn sicher nur ein vielfach modifiziertes Erinnerungsbild.

Im übrigen bedarf es zum Verständnis des Textes nur weniger sachlicher Erläuterungen, da die Beziehungen ohne weiteres klar werden.

Dagegen wird es für den Leser, der des schlesischen Dialektes nicht mächtig ist, und das dürften die wenigsten sein, notwendig bleiben, einige sprachliche Wendungen zu erklären, um das Verständnis zu erleichtern.

## Sachliche Erläuterungen

**Erbscholtiseibesitzer:** niederdeutsch: Besitzer eines Schultheißenamtes, genauer eines großen Hofes, mit dem dieses Amt erblich verbunden ist.
**englische Hängelampe:** Petroleumlampe, die im Gegensatz zu den meist stehenden Lampen aufgehängt wird. Zur Füllung und zum Reinigen wurde sie durch einen Zug auf die bequeme Höhe gebracht. Diese Lampen hatten durchweg oben einen hellen Metallschirm, der das Licht reflektierte und so besser verteilte.
**Alpakakleid:** Kleid aus weichem Wollstoff. Alpaka ist die Wolle eines Lamas der südamerikanischen Hochebene. Der Stoff wurde mit einer Kette aus Baumwolle und dem Schuß aus Alpaka-Wolle gewebt. Es war die Kleidung älterer wohlhabender Damen, vor allem als Trauerkleidung beliebt.
**Schriftenkolportage:** der meistens von umherreisenden Frommen betriebene Handel mit geistlichen Erbauungsschriften.
**Tharandt, Eberswalde:** Tharandt liegt im Kreise Freital, im Bezirk Dresden. Dort wurde 1812 eine Forstakademie gegründet, die später und heute noch als forstwirtschaftliche Fakultät der Technischen Hochschule Dresden betrieben wird. In Eberswalde, einer Kreisstadt im Bezirk Frankfurt a. d. Oder gab es ebenfalls eine Forstakademie, die jetzt forstwirtschaftliche Fakultät der Humboldt-Universität in Berlin ist. An diesen beiden Hochschulen hatte Flamm, der die höhere Forstlaufbahn einschlagen wollte, einst studiert, ohne allerdings die Studien abzuschließen.

## Mundartliche Wendungen

### 1. Akt

**„Knarre, Piepe!“:** Gewehr in der Soldatensprache; Pfeife. Flamm gibt sich nach Art verlegener Menschen in krampfhafter Lustigkeit selbst Befehle.

**„meine Mutter“:** meine Frau.
**„... ieber Ihn aber o ...“:** wörtlich: über Sie aber auch! etwa: Was Sie so daherreden!
**Hennerjette:** Henriette.
**„'s Lauten“:** Das Läuten.
**„'n verfahrner Kerl“:** aus dem Geleise geworfen. Flamms Lebenslauf hatte sich anders entwickelt, als vorgesehen war, er wollte höherer Forstbeamter werden, brach aber beim Tode des Vaters das Studium ab und wurde Bauer. Er hat das Gefühl, daß sein Leben verpfuscht ist.
**Chosen:** Affären, Liebesabenteuer.
**„Kihschaffer“:** Kuhschweizer.
**„... in den Kleisterpott“:** spöttische Anspielung auf August Keils Beruf als Buchbinder.
**„... ernt andres ...“:** etwas anderes. Das Adverb ernt auch in der Bedeutung „etwa“ oder als Verstärkung.
**„Huxt“:** Hochzeit.
**„... a kräklicher Kerl“:** ein schwächlicher, körperlich zurückgebliebener Mann.
**„Verpucht noch amol!“:** mundartlich entstellt aus „Verflucht noch mal!“ Auch die Form „verknucht“ kommt vor. Abergläubische Scheu, das Böse direkt beim Namen zu rufen, weil es dann kommt, ist die Ursache solcher Entstellungen.
**„da tutt sich aso eene schauderhaft!“:** da regt sich so eine sehr auf, stellt sie sich höchst entrüstet.
**„dich ieberall ausrichten“:** dich überall verraten, überall über dich reden.
**„Collazien“:** Verbindung, unrechtmäßige Verhältnisse.
**„me sitt, wo man hinsitt“:** wörtlich: Man sieht, wo man hinsieht; sprichwörtlich etwa: wer zu beobachten versteht, wird auch das Richtige erkennen.
**Bigotterie:** Frömmlertum.
**„aan Liiche:** eine Lüge.
**„kee Treppla“:** keinen Tropfen.
**„bei a Zeppa“:** an den Zöpfen.
**„... verreden“:** abstreiten.
**„fleißig trotz Omsa und Bien'n:** fleißig wie die Ameisen und Bienen.
**„... gieht ei de Wick'n“:** geht in die Wicken, zugrunde.

**„... uchsamäßig ...“:** ochsenmäßig (in anderen Mundarten: saumäßig) vergnügt.
**„de Plautze“:** den Atem.
**„... uff'n Dominium“:** **auf der Domäne**
**„... a Hihnle zu pflicka“:** ein Hühnchen zu rupfen.
**„die Kräte“:** Kröte.
**„glupscht“:** feindselig schaust ...
**„dei Lämmla im Trockne“:** dein Schäfchen im Trockenen.
**„Anspanner“:** Pferdeknecht.
**„repetierlich“:** reputierlich = angesehen, in gutem Ruf.

## 2. Akt

**„a langes Gewirge“:** ein langes Würgen, Hin- und Hergezerre.
**„das Gnadauer Fräulein“:** Die Gutsherrin von Gnadau.
**„se sind uff'n Raspe“:** bei der Arbeit auf dem Rapsacker.
**„Standesamthosen“:** standesamtliche Angelegenheiten.
**„Gimpelfang“:** Dummenfang.
**„chevalresk“:** chevaleresque = ritterlich.
**„angokeln“:** anzünden.
**„Tackel“:** Dackelhunde.
**„Schubjack“:** aus Schubbejack; aus „schubben“ = kratzen, jucken und Jacke zusammengesetzt; Schuft.
**„Schlumpen und Wischhadern“:** nachlässige, liederliche Weiber; wörtlich beides Putzlappen, Aufnehmer.
**„Geschwefel“:** Geschwafel, Geschwätz.
**„a andres Sehndel“:** eine andere Sehnsucht, Liebe.
**„Daderbeine“:** Dabei.

## 3. Akt

**„'s krankt eenen“:** man ist eben kränklich.
**„a paar rostige Nägel ...“:** uraltes Hausmittel.
**„ane brittnige Hitze“:** eine brütende Hitze, Gewitterschwüle.
**„mit der Vesper“:** mit dem Vesperbrot.
**„tengeln“:** dengeln.
**„zum Simson gemacht“:** so Stark wie Simson.
**„a Tippla miete zum Scheppa“:** ... ein Gefäß bei dir zum Schöpfen.

**„de Grußemagd“:** Die Großmagd.
**a Quart“:** altes Hohlmaß, besonders für Branntwein gebräuchlich. Ein preußisch Quart hatte rund 8 Liter.
**„Und bata und singa ubenei“:** und obendrein noch beten und singen.
**„die sieba Bitta gor!“:** sogar die sieben Bitten des Vaterunsers.
**„Radwer“:** Schubkarre.
**„gar zu derre“:** gar zu dürr, mager.
**„de ganze Menschheet“:** alle Leute.
**„schafgutt“:** gutmütig wie ein Schaf.
**„Wirtschafter“:** Gutsverwalter.
**„diech estimier’ ich“:** dich halte ich für ...
**Da labst doch’s schiinste Laben“:** Du lebst doch das schönste Leben.
**A tutt sich leichte ... mit Schweig’n“:** Er macht es sich leicht, indem er schweigt.
**„Mahlkleister“:** Mehlkleister, Buchbinderkleister.
**„hintertick’sch“:** hinterlistig, heimtückisch.
**„Bunzeltopp“:** ein Gefäß aus Bunzlau, der Töpfergegend.
**„Pennbruder“:** Landstreicher
**„Kuppelbeamter – Fuchsfalle“:** spöttisch für Standesbeamter und Standesamt.
**„prill nicht aso!“:** schrei (brüll) nicht so!
**„... lang machen“:** weggehen, sich scheren.
**„vor dem Kerle verfiehr’n“:** vor dem Kerl in acht nehmen.
**„... ei de Heechsen gebissa“:** Bild von der Jagd, vom Jagdhund (Hetzhund), der sich in die Haxen (Beine, Läufe) des Wildes verbissen hat.
**„a Weg freigahn“:** den Weg freigeben.

## 4. Akt

**„... ’m Herrn Oberamtmann ... wärsch wieder so weit“:** Oberamtmann = in Teilen Preußens und einigen anderen Ländern der ehrenhalber angewandte Titel für Domänenpächter, auch für Inhaber von Schultenhöfen; wäre es wieder so weit, daß die Dreschmaschine zur Verfügung steht.
**„reen kullrig““:** sehr wütend rasend.

**„Mir is ... wie nich gegenwärtig"":** ich kann mich nicht mehr daran erinnern.
**„der seinen Tabak verträgt":** der starken „Tobak", starke Sachen, Anwürfe usw. gewöhnt ist.
**Propädeutik":** die Unterweisung in den Voraussetzungen einer Wissenschaft; vorbereitende Erkenntnis.
**„... aus'n Stiebel":** aus der Stube, dem Stübchen.
„Odekolonje": Eau de Cologne, Kölnisch Wasser.
**„Der Veitstänzer":** Veitstanz = Gehirnerkrankung, die mit ruckartigen Muskelzuckungen verbunden ist. Sie führt zur dauernden Abnahme der Intelligenz. Hier allgemeines Schimpfwort für einen Dummkopf.
**„Plato – Phaidros":** Plato (427-347 v. Chr.). Phaidros ist eine Schrift aus seinen letzten Jahren. Den Titel hat sie von einem Zeitgenossen des Sokrates und Plato. Hier bedeutet die Erwähnung wohl nur Bildungsprotzentum aus Verlegenheit.
**„... ihr die Schuhe nich putzen":** sprichwörtlich: ihr nicht liebedienerisch, unterwürfig begegnen.
**„... nich genug gemein machen":** nicht genügend bekannt machen.
**„... a Gast ... zupaß":** zurecht, zur rechten Zeit.
**„ich nies drauf":** sonst sprichwörtlich: ich pfeif drauf.

## 5. Akt

**„feder!":** beeile dich!
**„Oden hull'n":** Atem holen.
**„Rotte Korah":** eigentlich Korach; nach dem 4. Buch Mose Führer einer Gruppe von Leviten, die sich gegen Aron auflehnten; sprichwörtlich für eine Schar böser Menschen.
**„recherchieren ... Recherchen":** nach französisch chercher = suchen; amtlich nachforschen, amtliche Nachforschungen.
**„'s kommt'n heem":** es wird ihm heimbezahlt.
**„... gar ringlich geworden":** verdreht, verkehrt geworden.
**„'s Kitschla":** Kätzchen.
**„a Schlunk ...":** die Zunge.
**„war's ist, der wiß's":** wer es ist, der weiß es.
**„derwergt":** erwürgt.

## 5. Gang der Handlung [11)]

### 1. Akt (7-2o)

Die Szene ist eine fruchbare Landschaft an einem sonnig warmen Sonntagmorgen im Mai. Hinter den Haselnuß- und Weißdornbüschen, die eine Böschung krönen, kommt Rose Bernd hervor. Sie ist erregt, ihre Wangen gerötet, sie bemüht sich, einen ihrer Zöpfe, der aufgelöst ist, wieder zu flechten. Bald darauf kommt von der anderen Seite Christoph Flamm aus dem Gebüsch. Er trägt Jagdkleidung. In einigem Abstand von einander lassen sich beide unter einem Birnbaum an der Böschung nieder, blicken sich erst stumm an und brechen dann in ein unaufhaltsames Gelächter aus. Übermütig beginnt Flamm, ein Jägerlied zu singen. Rose ist darüber zwar belustigt, aber auch verlegen. Als Flamm sie auffordert, mitzusingen, weigert sie sich. Schließlich erinnert sie daran, daß jeden Augenblick die Kirchgänger vorbeikommen können. Flamm gibt sich jetzt den äußeren Anstrich, als sei er nur zufällig vorbeigekommen und auf ein Wort stehengeblieben. Er hängt das Gewehr wieder um und zündet sich die Pfeife an. Aus innerer Leidenschaft spricht Flamm dann plötzlich den Wunsch aus, Rose wäre seine Frau. Sie wehrt verlegen ab. Aber Flamms Frau ist seit Jahren krank, an den Rollstuhl gefesselt, so gern er sie hat, sein Temperament und sein Lebensüberdrang treiben ihn zu der jungen, schönen und leidenschaftlichen Rose, die schon als Kind in ihm das Urbild eines Mannes gesehen hat. Jetzt aber ist Rose unruhig, ihr Vater und August müssen gleich auf dem Heimweg von der Kirche vorbeikommen. Flamm mag sich noch nicht von ihr trennen. Er versucht, sie wegen seiner Frau zu beruhigen, vor ihr brauche sie keine Angst zu haben. Aber Rose empfindet zu hohe Achtung vor Frau Flamm, zu tiefen Respekt vor ihr, um ruhig der Aufklärung ihres Verhältnisses entgegensehen zu können. Sie kann jedoch von dem stärkeren und verehrten Mann nicht loskommen. Flamm beklagt sein Schicksal, das ihn zwang, beim frühen Tode seines Vaters das Studium der Forstwissenschaft aufzugeben und den Schultenhof zu übernehmen. Er möchte Rose veranlassen, die vom Vater geplante und vorbereitete Hochzeit mit dem Buchbinder August Keil

---

11) Seitenzahlen nach „Ullstein Theater-Texte 4978"

noch zu verzögern, damit sie länger ihr heimliches Glück genießen können. Tiefe Abneigung gegen August, in dem er nur den Mucker und Frömmler sieht, dessen „Gebetbuchvisage“ ihm zuwider ist, gemischt mit Eifersucht, erfüllt ihn. Er gönnt dem häßlichen und schwächlichen Menschen das große und starke Mädchen nicht. Vergeblich versucht Rose, ihn davon zu überzeugen, daß es für sie keine Wahl mehr gibt, daß Augusts Güte gegen sie und vor allem ihren alten Vater sie zur Entschließung zwingt. Sie bereut nicht, was zwischen ihr und Flamm war, aber jetzt muß es ein Ende haben. Es wird schwer sein, aber es geht nicht anders. Erst als Rose erschreckt feststellt, daß sich jemand nähert, verschwindet er hinter den Büschen. (12)

Rose beginnt hastig, auf dem Kartoffelacker ihres Vaters zu arbeiten. Ihre Warnung an Flamm war nur eine Ausrede, darum erschrickt sie sehr, als plötzlich der Lokomobilenmaschinist Streckmann vor ihr steht. Er ist vorzeitig aus der Kirche weggegangen, wobei ihn wohl die Absicht leitete, Rose aufzulauern, was sie aber nicht sofort durchschaut. Zwischen den beiden entwickelt sich ein Geplänkel, in dem Rose ihm recht unverblümt ihre wenig schmeichelhafte Meinung über ihn sagt. Streckmann geht zum Scheine auf ihren gesucht leichten Ton ein und kommt dann lauernd auf seine eigentliche Absicht zu sprechen. Er fragt Rose nach ihren Heiratsabsichten und setzt August vor ihr herunter. Niemand hat ihm geglaubt, daß er in kurzer Zeit mit der lebensstrotzenden Rose Hochzeit machen wird. Rose weist ihn ab mit der derben Bemerkung, daß sie von den Händeln der Männer nichts wissen will: „Da is eener akrat a soviel wert wie d'r andre“ (13). Nun wird Streckmann deutlicher. Halb scherzend bemerkt er, sie habe wohl auch schon nach ihm geschielt. Erneut fordert Rose ihn auf, seiner Wege zu gehen. Da spielt Streckmann boshaft auf ihr eben beendetes Zusammensein mit Flamm an, das er beobachtet hat, und er fügt eine beleidigende, herabsetzende Bemerkung über sie an: „Asu eene!“ Rose ist verzweifelt und empört über ihn. Als sie sich weinend wieder an die Arbeit begibt, läßt Streckmann seine Absicht ganz erkennen. Er weiß jetzt, daß sie ein Verhältnis geheim halten kann. Schon lange hat er sie begehrt, jetzt ist er sicher, daß er zum Ziele kommen wird. Vergeblich fleht Rose ihn an, sie in Frieden zu lassen. Streckmann läßt sich in seiner Leidenschaft weder durch ihre Drohung, sie wolle sich erhängen, noch durch ihre Bitten erweichen. Er weiß genau, was zwischen ihr und

Flamm vor sich ging. Damit hat er ein Mittel, sie zu zwingen, ihm zu Willen zu sein, und er ist fest entschlossen, diese Mittel auszunutzen. Vor August Keil fürchtet er sich nicht. Rose bietet ihm in ihrer Not alle ihre Ersparnisse an, er weist sie zurück. Auch Roses Verachtung stört ihn nicht. Marthel, Roses jüngere Schwester kommt hinzu, ohne zu ahnen, was vor sich geht. Ihre einzige Sorge ist, was der Vater sagen wird, wenn er Rose am Sonntag auf dem Acker arbeiten sieht. Bernd und August kommen ebenfalls. Streckmann begleitet das Gespräch mit hämischen Zwischenbemerkungen und vagen Andeutungen über Rose und Flamm, die geeignet wären, den Vater und August mißtrauisch zu machen, wenn sie nur eine Ahnung hätten. Nun versteht sie nur Rose, und ihre Angst wächst. Streckmann holt eine Schnapsflasche hervor und fordert Bernd und August auf, mit ihm zu trinken. Zögernd findet der alte Bernd sich bereit. Erst nach langem Zureden fügt sich auch August. Streckmann aber nutzt die Situation für sich aus, um eine erste Machtprobe über Rose zu machen.

## **2. Akt** (21-34)

Der zweite Akt spielt in der Wohnstube des Erbscholtiseibesitzers Flamm. Neben der großen Stube liegt eine kleinere, die Flamm seine Jagdkammer nennt. Frau Flamm im Rollstuhl sitzt am Fenster und blickt nachdenklich hinaus ins Freie, dann vertieft sie sich in ein Buch, das sie auf dem Schoß liegen hatte. Ein Klopfen unterbricht sie im Lesen. Vater Bernd und August treten ein. Sie sind feiertäglich gekleidet, denn sie wollen bei Flamm, der die Geschäfte des Standesbeamten versieht, die Trauung anmelden. Bernd ist sehr froh darüber, daß Rose ihr Zögern endlich aufgegeben hat. Da August mit einem Darlehen, das ihm eine Gutsbesitzerin in der Nachbarschaft bewilligte, ein Haus kaufen konnte, in dem er einen Buch- und Papierladen einrichten will, sind auch die äußeren Voraussetzungen für die Heirat ungewöhnlich glücklich gegeben.

Frau Flamm preist August glücklich, weil er seinen Ehestand unter so erfolgversprechenden Umständen beginnen kann. Auch Vater Bernd ist froh darüber, daß sich alles für ihn und Rose so gut entwickelt hat. Er schätzt August, weil er es mit zähem Fleiß zu etwas gebracht hat, und ist glücklich darüber, daß Rose bei ihm wohl geborgen ist. Beiläufig erwähnt Frau Flamm, daß ihr Mann die beiden wohl kaum noch trauen wird, weil er die Standesamtssachen abtritt. Sie ruft nach Flamm, der aus der Jagdkammer kommt. Er ist dabei, den Doppellauf einer Jagdflinte zu reinigen. Ohne diese Tätigkeit zu unterbrechen, rät er den beiden, sie möchten mit ihrer standesamtlichen Sache noch ein wenig warten, bis sein Nachfolger sie übernommen habe, der sie bestimmt feierlicher machen würde. Frau Flamm ist überrascht darüber, August aber, der bleich geworden ist, als Flamm den Namen Streckmann erwähnte, geht überhaupt nicht darauf ein und erklärt, daß er die Trauung anmelden will. Flamm versucht erneut, die Sache zu bagatellisieren und hinauszuschieben. Als seine Frau ihn mit Humor mahnt, daß das doch wohl anderer Leute Angelegenheiten seien, in die er sich nicht einzumischen habe, macht er zuerst mürrisch eine abfällige Bemerkung über die Ehe im allgemeinen, dann beginnt er, August nach seinen Zukunftsplänen auszufragen. Schließlich, als er das Amtsgeschäft nicht mehr länger aufhalten kann, vermißt er die Braut. Bernd geht, um sie zu holen. Zu spät merkt Flamm sein Verschwinden und stellt fest, daß sie hier noch gar nicht nötig sei. Erneut beginnt er, August nach seinen Lebensgewohnheiten auszufragen. Er verdächtigt ihn der Quacksalberei. Geschickt antwortet August mit dem Hinweis auf Gottes Allmacht: „Was man bittet im rechten Geist, da ist der Vater auch heute noch allmächtig". Bernd, der die widerstrebende Rose hereinführt, unterbricht sie. Flamm entfernt sich für kurze Zeit, um Krawatte und Jacke anzuziehen. Im Flüsterton berichtet Bernd, daß Streckmann draußen war und auf Rose einredete. Er will wissen, was Streckmann zu ihr sagte. Rose versucht, in Ausreden auszuweichen. Aber Bernd ist nicht zu beruhigen. Als er mit Rose an der Dreschmaschine vorbeikam, rief Streckmann ihnen etwas nach, was er zwar wegen des Maschinenlärmes nicht genau verstand, was aber sicher böse gemeint war. Er überlegt, ob er den Maschinisten nicht verklagen muß, um die Ehre seiner Tochter zu wahren. Als auch August meint, daß der Ruf eines jungen Mädchens schnell zuschanden sei, das mit Streckmann spreche, antwortet Rose trotzig und verstockt. (27)

Flamm, der sich inzwischen im Nebenzimmer für die Amtshandlung umgezogen hat, kommt zurück und bemerkt sofort, daß es noch Spannung zwischen August und Rose gibt. Er rät ihnen, sich die Sache noch einmal zu überlegen und dann wiederzukommen, wenn sie schlüssig geworden sind. August verlangt nun so energisch, wie ihm nur möglich ist, daß die Hochzeit in vier bis fünf Wochen stattfindet. Als Rose aber unwillkürlich den Einwand macht: „'s hätt ... noch a bißl Zeit“, entschließt er sich zum Verzicht und will gehen. Vater Bernd greift ein und hält ihn zurück. Er wirft Rose vor, lange genug die Geduld Augusts und auch seine auf die Probe gestellt zu haben. Vater Bernd stellt Rose nun die Wahl: entweder löst sie ihr Versprechen ein, oder er sagt sich für immer los von ihr, sie mag dann sehen, wo sie bleibt. Auch August versucht mit bewegten Worten, Rose umzustimmen. Da Rose auf seine Klagen und Bitten keine Antwort findet, geht er weg, trotz des Einspruches Bernds, der Rose noch einmal alle Wohltaten, die ihnen August erwiesen hat, vorhält. Vater Bernd aber weist Rose erneut von sich und verläßt das Zimmer. (29)

Rose bleibt mit Flamm allein. Das Verhalten des Mädchens ist ihm unerklärlich und unheimlich, er vermag nicht, sich ihre Blässe, Starrheit, Tränen und Frostanfälle zu deuten. Entschlossen erklärt Rose, daß sie weiß, was sie will und es auch durchsetzen wird. Auch das versteht Flamm nicht, wenn er ihr auch, weil er ihre Erregung spürt, recht gibt. Er will dann eine Verabredung mit ihr treffen, die sie schroff verweigert. In aufflammender Leidenschaft redet er ihr zu, aber Rose antwortet mit einem Verzweiflungsausbruch voll bitterer Selbstanklagen. Darüber fährt Flamm auf und schlägt mit einem „Kreuzmillionendonnerwetter“ auf den Tisch. Damit aber ruft er nur seine Frau aus dem Nebenzimmer, die sich in ihrem Rollstuhl von einem Mädchen hereinfahren läßt. Ihre erstaunte Frage vermag Flamm indessen nicht zu beantworten, er verläßt wortlos den Raum.

Verzweifelt bricht Rose nun vor Frau Flamm zusammen, sie sucht Hilfe. Behutsam versucht die reife und lebenserfahrene Frau die Ursache ihres sonderbaren Verhaltens zu ergründen. Sie erinnert daran, daß Rose einst mit ihrem kleinen verstorbenen Sohn gespielt hat und fast wie ein Kind im Hause war. Als Roses Mutter starb, hat Frau Flamm ihr versprochen, sich Roses anzunehmen. Als diese darauf antwortet, das beste wäre, wenn sie ins Wasser ginge, versteht Frau Flamm mehr. Nun fragt sie direkter. Sie erzählt von ihrem eigenen kleinen Sohn, den Gott ihnen zu früh nahm, aber auch davon, daß Roses Mutter einst sagte, daß ihre Tochter einmal eine gute Kindermutter würde. Schon als Kind hat sie immer mit der Puppe gespielt und sie erzogen. Mit dem streng religiösen Vater kann sie nicht sprechen, aber mit ihr, die nur eines gelernt hat, nämlich was eine gute Mutter ist „und wie sie mit Schmerzen gesegnet ist". Als Rose darauf mit einem Gefühlsausbruch tiefster Dankbarkeit antwortet, ist Frau Flamm sicher, daß sie die Ursache ihrer Not erkannt hat. (32) Aber sie redet ihr ruhig weiter zu. Sie will ihr helfen. Aber Rose, die sich wieder gefaßt hat, will bei aller Dankbarkeit doch ihr Leid allein tragen. Sie will für ihr Kind arbeiten, doch sie weiß nicht, wie sie mit dem Vater und August zurechtkommen wird. Frau Flamm, die meint, daß August der Vater des Kindes ist, versteht nun nicht recht, warum sich Rose gegen die Hochzeit sperrt. Fast hätte Rose sich ihr auf solche Frage hin offenbart. Sie nennt schon Streckmanns Namen. Aber sie bringt dann doch nicht die Kraft auf, der gütigen und mütterlichen Frau, die sie so hoch verehrt, ihre wirkliche Not anzuvertrauen. Frau Flamm verläßt sie mit der Mahnung, am nächsten Tage wiederzukommen und ganz offen zu sein. „Ma soll sich freun uff sei Kind", gibt sie ihr mit auf den Weg. Nachdenklich und seufzend blickt sie ihr nach. Ein wenig Neid gegen das starke und gesunde Mädchen mischt sich in ihr Mitgefühl: „Mädel, 's is doch a Glick, was du hast! Fer a Weib gibt's kee greeßeres! Halt du's feste!"

## 3. **Akt** (34-50)

Die Szene ist ein schattiger Platz mit alten Bäumen zwischen Wiesen am Rande der Äcker. Von fern hört man das Summen der Dreschmaschine. Eine Quelle an einem etwas vertieften Rasenplatz und der Schatten der Bäume haben diese Stelle zum bevorzugten Rastplatz der Landleute an heißen Tagen gemacht. Hierher kommen der alte Bernd und August. Sie haben Gras gemäht, und vor allem August ist von der ungewohnten Arbeit sehr angegriffen. Er weiß auch, daß er der harten bäuerlichen Arbeit auf die Dauer nicht gewachsen ist, seine Gesundheit ist zu schwach. Bernd, der offenbar Augusts Klagen schon gewöhnt ist, rät ziemlich gleichmütig zu einem alten, barbarischen Hausmittel. Jetzt ist er nur überrascht, daß Rose mit dem Vesper noch nicht da ist. Er möchte im "Testament" lesen und sich erbauen. August aber hat keine Lust dazu. So beginnen sie, über ihre eigenen Verhältnisse zu plaudern, ehe es wieder lebhaft wird auf dem Platze. Die Gutsleute kommen. Sie alle sind durstig und drängen sich zu der Quelle. (37) Als sie ihren Durst gelöscht haben, beginnen sie, August mit seiner baldigen Hochzeit zu necken und über seine Frömmigkeit zu spotten. Der alte Kleinert allerdings versucht, ihn gegen die vorläufig noch gutmütigen Hänseleien zu schützen. Da kommt Rose mit dem Vesper für den Vater und August. Sie bringt sofort heitere Stimmung. Ihren Fleiß und ihre Kraft schätzen alle. Der alte Hahn meint in gutmütigem Spott, wenn er Rose damit gewinnen könne wie August, würde er es auch einmal mit der Frömmigkeit versuchen. Die Landleute necken Rose, weil sie den Vater und den Bräutigam so lange warten ließ. Bernd und August aber sind tatsächlich ein wenig ärgerlich über Roses Säumen. Sie hätten gern vermieden, mit den Leuten zusammenzukommen. Daß August es ausspricht, verärgert die anderen. Die Hänseleien werden grober. Eine eindeutige Anzüglichkeit der Großmagd bringt den alten Bernd in Wut, wenn er sich auch noch beherrscht. Der alte Kleinert versucht zu begütigen und weist die Magd zurecht.

Im gleichen Augenblick tritt der angeheiterte Streckmann auf. (39) Er sucht Händel mit dem alten Bernd und August, die seinen Gruß nicht erwidern. Bei einigen der Landleute findet er Unterstützung und wird dadurch zu noch derberen Anzüglichkeiten und Anspielungen ermuntert. Dabei sucht er vor allem August zum Streit herauszufordern, stößt aber auf Ablehnung. Einen Augenblick schwankt er in seiner Wut, ob er nicht seine Trümpfe gegen August und Rose ausspielen soll, aber er beherrscht sich und will mit einer beruhigenden Bemerkung an Rose abgehen. Doch die alte Dolischen reizt ihn, indem sie ihn daran erinnert, wessen er sich vor drei Wochen vermessen hat und stellt ihn als leeren Prahler hin. Streckmann antwortet ausweichend, er will sich nicht auf den Leim locken lassen. Auch die Erinnerung an die Bemerkung, die er Rose nachrief, als der Vater sie zu Flamm holte, lockte nichts aus ihm heraus. August, der weitere Spannung befürchtet, fordert Bernd auf, mit ihm wieder an die Arbeit zu gehen. Bernd zaudert. Als weitere Anzüglichkeiten laut werden, bricht die Prahlsucht in dem angetrunkenen Streckmann durch. Fast unverblümt gibt er zu erkennen, daß er Roses Temperament erfahren hat: „Stille Woasser sein tief! ... Ma soll ieberhaupt nich erscht Blutt lecka. A werd doch bloß immer schlimmer, d'r Durscht!“ Auf weitere Fragen aber geht er nicht ein, er verspricht August sogar, daß er ihn nicht wiedersehen wird, kann aber auch nicht unterlassen, ihm anzudeuten, daß er Grund hat, ihm dankbar zu sein. Er hat ihm „die Sache doch bewilligt ... und da ging's glatt". Rose versucht, August von ihm abzulenken, im allgemeinen Aufbruch wegen des Endes der Pause scheint Streckmanns Gerede unterzugehen. Aber der mit August und Rose allein zurückbleibende Bernd grübelt weiter über die ihm unverständlichen Bemerkungen Streckmanns nach, läßt sich dann aber überreden, mit August wieder an die Arbeit zu gehen.

Rose bleibt allein zurück. (42) Sie packt den Vesperkorb. Als sie sich aufrichtet, scheint sie der Ferne etwas zu gewahren, was sie anzieht. Dann rafft sie sich mit plötzlichem Entschluß zusammen und will davoneilen. Aber ehe sie dem Gesichtskreis entschwunden ist, erscheint Flamm und ruft sie zurück. Er verlangt von ihr, daß sie ihm zu trinken gibt. Sie weist ihn ab. Aber sein herrisches Auftreten zwingt sie wieder in seinen Bann, sie bedient ihn schließlich gehorsam. Dabei nutzt er die Gelegenheit aus, sie zu umarmen. Sie sträubt sich, aber er hält sie fest. So leicht kommt sie nicht von ihm los. Rose fordert ihn auf, daß er zu seiner Frau zurückkehrt, die sie gerettet hat. Nun verlangt er zu wissen, wieso und vor was seine Frau sie gerettet hat. Auch seine Frau hat ihm Anspielungen gemacht, die er nicht verstand. Rose jedoch will sich nicht weiter erklären. Sie hofft, daß Gott ihr die Sünde verzeihen und sie auch ihrem unschuldigen Kindchen nicht anrechnen wird. In seiner Erregung und wegen des Lärmes der Dreschmaschine versteht Flamm diese Bemerkung nicht. Er möchte, daß sie sich offen und vertrauensvoll ausspricht. Aber Rose ist dazu nicht bereit. Wenn sie verheiratet ist, soll er seine Frau fragen, vielleicht wird sie ihm sagen, was jetzt mit ihr ist. Sie hat auch August noch nichts gesagt, aber sie vertraut auf seine Güte und sein christliches Mitleid. Ihr aber bleibt noch ein Leben, ihre Schuld durch harte Arbeit und Buße wiedergutzumachen.

Flamm ist bewegt. Er sieht ein, daß zwischen ihnen alles zu Ende sein muß, aber er hat sie immer aufrichtig gern gehabt, schon als sie noch ein Kind war. Er hat im Leben viel Glück bei Frauen gehabt, aber was Glück in Wirklichkeit sein kann, hat er erst durch sie erfahren. Auch Rose gesteht ihm, daß sie ihn immer gern gehabt hat. Aber ihre Trennung muß nun endgültig sein, sie wird ihn und seine Frau auch nicht wieder besuchen, höchstens vielleicht einmal nach vielen Jahren, wenn alles überwunden ist. Noch einmal beteuert ihr Flamm, daß er sie auf

der Stelle heiraten würde, „wenn Mutter nich wär'". Wehmütig gefaßt nehmen sie Abschied voneinander. (46)
Als Rose, die ihm nachblickt, mit äußerster Willenskraft sich auch zum Fortgehen anschickt, kommt der leidenschaftlich erregte Streckmann hinzu, der sie beobachtete. Abgrundtiefer Haß gegen den glücklicheren Nebenbuhler um Roses Gunst erfüllt ihn. Wenn Flamm nicht aus ihrem Leben verschwindet, läßt auch er sich nicht den Laufpaß geben. Roses schroffe Abweisung bringt ihn in Wut. Er versucht erneut, sie durch die Drohung, ihr Verhältnis mit Flamm zu verraten, zu erpressen. Rose droht, daß sie um Hilfe schreien wird. Streckmann erschrickt und scheint gewillt, nachzugeben. Aber als Rose ihm ihren ganzen Haß und ihre Verachtung ins Gesicht schleudert, wird er wieder unnachgiebig. Er antwortet mit neuen erpresserischen Drohungen, und da schreit sie ihm sein Verbrechen ins Gesicht. Er hat ihr Gewalt angetan, das wird sie zur Anzeige bringen.

Diese letzten Worte haben der alte Bernd und August gehört, die mit den Landleuten zurückkommen. Bernd und August dringen auf Streckmann ein, und es kommt zu einem Handgemenge, bei dem August ein Auge ausgeschlagen wird. Vergeblich versucht Kleinert, sie zu trennen. Die dadurch entstehende Verwirrung nützt Streckmann aus, um mit einer letzten herabsetzenden Bemerkung über Rose zu fliehen.

## 4. Akt (50-65)

Der vierte Akt spielt wieder in Flamms Stube. Flamm rechnet mit Streckmann wegen der Dreschmaschine ab. Streckmann erklärt, daß er einen Termin beim Landgericht hatte. Flamm sucht ihn auszufragen, wie es mit dem Prozeß steht. Streckmann resigniert: „Ma wird halt dran globen missen". Aber als Flamm ihn nach der Ursache des Streites mit August ausfragen will, weicht Streckmann aus. Wie vor Gericht redet er sich auch hier auf völliges Vergessen heraus, er behauptet, „reen kullrig", in einer Art Rauschzustand gewesen zu sein und sich an nichts mehr erinnern zu können. Er will nur noch dunkel im Bewußtsein haben, daß Bernd und August wie zwei reißende Wölfe über ihn herfielen und daß er Angst um sein Leben hatte. Er möchte wohl, wie Flamm erkennt, für sein Verhalten gegenüber August Notwehr geltend machen. Jetzt spielt er Reue und bedauert Augusts Mißgeschick. Vorsichtig regt

Flamm an, er möge die Sache in einer Aussprache mit Bernd bereinigen und die Beleidigung gegen Rose zurückzunehmen. Davon will Streckmann aber nichts wissen. Er deutet im Gegenteil an, daß Bernd, wenn er wüßte, worauf es hinausginge, sicher die Klage gegen ihn zurücknehmen würde.(52)

Als Flamm allein ist, macht er seinem Herzen, seinem Haß gegen Streckmann und seiner ohnmächtigen Wut so laut Luft, daß seine Frau, die sich aus dem Nebenzimmer hereinschieben läßt, davon hört. Er möchte am liebsten den „lausigen Kerl" niederknallen. Die Niedertracht Streckmanns ist mehr, als er ertragen kann. Als seine Frau aber geradezu fragt, merkt er, daß er zuviel gesagt hat, und versucht, seine Worte als nur allgemeine Bemerkungen hinzustellen. Aber Frau Flamm läßt sich nicht täuschen. Sie erinnert daran, daß es nicht nur um Streckmann, sondern auch um den alten Bernd und Rose geht. Für das Mädchen ist es eine bitter ernste Geschichte. Wenn sie selbst nicht durch ihre Lähmung daran gehindert würde, hätte sie Rose längst schon einmal aufgesucht, nachdem sie auf ihre Einladung nicht kam. Im Laufe des Gesprächs, in dem Frau Flamm auf eine (mögliche) Adoption lenkt, wird klar, daß ihr Mann nichts von Roses Zustand ahnt. Frau Flamm klärt ihn darüber sachlich auf. Das vermag Flamm so schnell nicht zu begreifen. Er erklärt, Blutandrang zum Kopf, einen Schwindelanfall zu haben, und will hinaus, um Luft zu schöpfen. Als seine Frau verwundert fragt, was das soll, bekennt er, daß er manchmal unbestimmte Angstgefühle habe, daß ihm zumute sei, als müsse alles unter ihm zusammenbrechen. (56)

Sie können das Gespräch nicht fortsetzen, weil August Keil anklopft. Flamm flüchtet ins Nebenzimmer. August kommt, um seine Braut zu entschuldigen, die einen Termin beim Landgericht hat. Vielleicht kommt sie am Abend noch. Frau Flamm erklärt ihm, daß sie sich auch mit ihm gerne einmal unterhalte. August trägt sein hartes Geschick als Gottes Fügung in christlicher Ergebung: „Umso mehr wächst der Schatz im Himmel". Er berichtet von Roses merkwürdigem Verhalten ihm gegenüber: Als sie heute zum Gericht gehen sollte, hat sie zuerst geweint und wollte nicht fort. Dann wollte sie ihn mitnehmen, zuletzt aber hat sie von ihm verlangt, daß er ihr nicht nachkommen solle. August macht sich natürlich seine Gedanken. Frau Flamm merkt aber

auch, daß er entweder keine Ahnung von Roses wirklicher Bedrängnis hat oder zumindest vorgibt, nichts davon zu ahnen. Von August erfährt Frau Flamm, daß auch ihr Mann eine gerichtliche Vorladung hatte und schon vernommen worden ist. Nun werden ihr schlagartig die Zusammenhänge klar. Sie schickt August nach Hause, rät ihm aber, großherzig zu sein, „durch die Finger zu sehen“, wenn er Rose lieb hat und nun Dinge erfahren muß, an die er nicht glauben wollte. Sie erzählt, daß das auch ihr eigenes Schicksal gewesen sei, immer durch die Finger sehen zu müssen. Sie selbst hat Rose ein Versprechen gegeben. Es wird ihr nicht leicht fallen, es zu halten, aber sie wird dennoch tun, was in ihren Kräften steht.
Als August sich entfernt hat (59), kommt Flamm zurück. In seiner Verlegenheit beginnt er zu pfeifen und angelegentlich im Bücherschrank zu suchen. Ihm ist klar, daß seine Frau jetzt alles über sein Verhältnis zu Rose weiß. Er ist ratlos und versucht, Verständnis bei seiner Frau zu finden, sich zu entschuldigen, er habe nicht nur aus Leichtsinn so gehandelt. Seine Frau geht aber auf seine Entschuldigungen nicht ein, sie sieht nur die Tatsache, daß er so einem Mädel die Zukunft zerstört hat. Das wiegt aber umso schwerer, als sie gemeinsam alle Verantwortung tragen, weil sie Rose zu sich ins Haus gezogen haben, weil das Mädchen und sein Vater blindes Vertrauen zu ihnen hatten, das nun zu ihrem Unglück ausgenutzt wurde. Sie führt aber das ganze Unheil darauf zurück, daß sie älter ist als ihr Mann, daß er auf ihre Warnungen nicht hörte, als er um sie warb. Flamm meint, daß man solche alten Geschichten jetzt ruhen lassen solle. Das einzige, was noch wichtig bleibt, ist die Zukunft, es gilt nun, dem einmal verursachten Unglück möglichst viel von seiner Härte zu nehmen. Jeder versucht nun, dem anderen die Verantwortung zuzuschieben. Eine gereizte Atmösphäre entsteht zwischen den Eheleuten.

Da kommt das Hausmädchen und meldet, daß Rose in der Küche warte. Frau Flamm will sich aus dem Zimmer bringen lassen. Aber ihr Mann bittet sie, an seiner Stelle mit Rose zu sprechen. Er ruft ihr Mitleid und ihr Erbarmen an. Gekränkter Stolz und beleidigte Frauenehre sind in ihr noch stark. Auch seine Bemerkung, er möchte sein Leben nicht länger fristen, wenn das Mädchen durch seine Schuld zugrunde gehe, überzeugt sie nicht. Wenn sie sich doch entschließt, mit Rose zu sprechen, so nur aus Verantwortungsgefühl und angeborener Güte. Aber ehe sie Rose entäßt, mahnt sie ihren Mann, sich nicht zu täuschen: sie kann nicht wieder ganz machen, was er zerbrochen hat. (62) Rose kommt in Sonntagskleidung, sie wirkt aber blaß und verfallen. Behutsam spricht Frau Flamm ihr zu. Sie kann jetzt verstehen, daß Rose ihre Hilfe nicht annehmen wollte. Aber sie kann sich auch nicht denken, wie sie allein durchkommen will.

Da gesteht ihr Rose, daß mit August längst alles ins reine gebracht wäre, wenn nicht so ein Verbrecher, so ein Lügner wie Streckmann wäre. Verwundert fragt Frau Flamm, warum sie behaupte, daß Streckmann lügt. Hartnäckig besteht Rose darauf, daß Streckmann lügt, und nun wird Frau Flamm ungeduldig. Sie vermutet, daß Rose ihr doch nicht alles gestanden hat. Sie mahnt das Mädchen, den Verstand zusammenzunehmen. Hoffentlich hat sie vor dem Richter klarer gesprochen und die Wahrheit gesagt. Wenn sie ihr rechtzeitig alles gesagt hätte, wäre leichter ein Ausweg zu finden gewesen. Aber noch immer ist sie, obgleich sie Roses mangelndes Vertrauen bedauert, bereit, eine Rettung zu suchen. Sie wiederholt ihr Versprechen, daß für Rose und ihr Kind gesorgt sein wird. Rose stellt sich, als ob sie Frau Flamm nicht verstehe. Da sagt diese ihr auf den Kopf zu, daß sie vom schlechten Gewissen gequält wird, daß ihr Geheimnis, das sie nicht preisgeben will, mit Streckmann zusammenhängt.

Flamm, der vom Nebenzimmer her alles gehört hat, kommt erregt hinzu. (64) Er bekennt, daß er selbst vor Gericht die Wahrheit gesagt hat, und daß er auch sicher ist, daß Streckmann, wenn er unter Eid stand, nicht gelogen hat. HIlflos macht Frau Flamm dem Mädchen Vorwürfe, weil es durch falsche Aussagen alles verdorben hat, sie holt aus Rose nur das verzweifelte Bekenntnis: „Ich hoa mich geschaamt". Flamm aber ist empört, er fühlt sich selbst getäuscht und betrogen, gefühllos erklärt er Rose aus einem aus Beschämung und Eifersucht gemischten Ärger heraus: „Du hast dich mit Recht geschaamt". Roses Klage: „A hat mich verfolgt und gehetzt wie a Hund" läßt ihn kalt, er sagt sich von ihr los. Groß und entsetzt starrt Rose ihn an. Frau Flamm aber beteuert Rose noch einmal: „Es bleibt dabei, Rose, was ich gesagt habe: es wird immer gesorgt sein für euch zwei". Rose aber vermag das schon nicht mehr aufzunehmen. Mechanisch immer wieder flüsternd: „Ich hoa mich geschaamt" verläßt sie die beiden. Hilf- und ratlos bleibt Frau Flamm zurück. Flamm aber bricht, im tiefsten Grunde erschüttert, in verhaltenes Schluchzen aus.

## 5. **Akt** (66-79)

Der fünfte und letzte Akt spielt in der Wohnstube des alten Bernd. Es ist gegen Abend. Mehrfach wird ans Fenster geklopft. Der alte Kleinert ruft. Als niemand öffnet, führt er die sichtlich erschöpfte Rose durch die Hintertür ins Haus. Er hatte Rose halbtot hinter einer Weide gefunden. Rose aber wünscht, daß er sie jetzt alleine läßt, damit sie das Abendbrot vorbereiten kann. Sie fühlt sich nur müde. Der Vater und August aber, darum bittet sie den Paten Kleinert, sollen nichts von ihrer Schwäche erfahren. Kleinert zögert immer noch, Roses Erschöpfungszustand scheint ihm zu ungewöhnlich. Als Marthel, die jüngere Schwester Roses, hereinkommt und Rose fragt, was ihr ist, antwortet diese so verwirrt und überraschend, sie habe geträumt, sie sei auf dem Gericht gewesen, daß Marthel und Kleinert erschrecken. Kleinert weiß, daß Rose tatsächlich auf dem Gericht war. Er befürchtet, daß mit Rose im Augenblick nicht alles richtig ist. Er bittet Marthel, gut auf die Schwester zu achten. Rose aber rafft sich vorübergehend wieder zusammen. Sie befiehlt Marthel, schnell das Feuer anzuzünden und die Kartoffeln zu holen, damit das Abendbrot bereitet werden kann.

Als Rose mit Marthel allein ist, verläßt sie bald wieder alle Kraft. Auf die besorgte Frage der Schwester, spielt sie auf etwas an, das ihr passiert ist, und sie rät Marthel, sich lieber einen frühen Tod zu wünschen. Sie selbst aber hat alles vergessen und möchte nie wieder aufwachen. Als aber die geängstigte Schwester die Heimkehr des Vaters herbeiwünscht, bittet Rose sie dringend, dem Vater nichts zu verraten. Sie will sich nur ein wenig in ihrer Kammer hinlegen. Marthel verspricht ihr auf diese flehentlichen Bitten, dem Vater kein Sterbenswort zu sagen. Marthel hat Angst, daß Rose etwas Böses zugestoßen ist. Rose beruhigt sie. Sie fühle sich nur so allein, so verlassen auf der Erde. Sie läßt sich von der Schwester auf ihre Kammer führen.

Einen Augenblick bleibt die Bühne leer. Bernd, der von der Arbeit auf dem Kartoffelacker kommt und Marthel treten ungefähr zur gleichen Zeit wieder auf. Bernd ist ein wenig ungehalten, weil kein heißes Wasser für sein Fußbad da ist. Er fragt nach Rose und wundert sich, als Marthel ihm, wie sie Rose versprochen hat, sagt, daß die Schwester noch nicht heimgekommen ist, obwohl es schon spät ist.

Der Gendarm kommt, um eine Zustellung an Rose abzugeben. (70) Er darf sie Bernd nicht aushändigen, er muß sie der Tochter persönlich übergeben. Er hat auch noch einige Fragen an sie zu stellen. August kommt eilig herein. Er klagt darüber, daß diese Streckmann-Sache kein Ende nehmen will. Der Gendarm verabschiedet sich, er will am nächsten Morgen wiederkommen. Sobald er weg ist, schickt August Marthel in die Küche. Als sie schon unter der Türe ist, fragt er sie nach Rose. Sie berichtet, daß sie nichts von Rose bemerkt habe, winkt ihm aber verstohlen zu, daß sie ihm etwas zu sagen habe. August aber hat jetzt keine Zeit. Er verschließt sorgfältig die Türe und fordert dann von Vater Bernd, die Klage gegen Streckmann zurückzunehmen. Bernd lehnt das ab. Seine Ehre, die seiner verstorbenen Frau, Roses und nicht zuletzt auch die Augusts verlangen, daß die Sache ausgetragen wird. August versucht, an seine christliche Vergebung zu appellieren, aber vergeblich. Wenn August sich nichts mit Rose vorzuwerfen hat, muß es ihm auch nur recht sein, wenn die Gerechtigkeit ihren Gang geht.

August, der vor Aufregung in Schweiß geraten ist, weicht weiteren Erörterungen aus und fragt, wo Rose sein könnte. Der Vater vermutet, sie habe die Gelegenheit dazu benützt, in der Stadt noch einige Einkäufe für den Laden, den sie eröffnen wollen, zu machen. August aber weiß, daß sie kein Geld mitgenommen hat. Sie hatten auch verabredet, die Einkäufe gemeinsam zu machen. Er ist ihr über eine Meile entgegengelaufen, hat statt ihrer aber nur Streckmann getroffen. Ihm selbst aber ist auch nicht damit geholfen, daß Streckmann sitzen muß. Er glaubt an die Aufrichtigkeit seiner Reue. Bernd aber will nicht nachgeben. Wenn nur er selbst betroffen wäre, würde er alles ertragen. Aber bei seinem Kinde ist das anders. Schon gar nach dem schrecklichen Unglück Augusts darf er die Beleidigung nicht auf ihr sitzen lassen. Vorsichtig deutet August an, daß Gottes Wege wunderbar sind, daß er täglich Prüfungen schicken kann, der Mensch aber nicht selbstgerecht sein darf. Als Bernd auch darauf nicht nachgibt, kann August ihm die Wahrheit nicht länger ersparen, daß auch Rose ein Menschenkind war.

Bernd versteht ihn nicht sogleich. Wenn August die Wahrheit gesprochen hätte, wäre er selbst taub und blind gewesen. Er glaubt, daß August sich von Streckmann, dem jedes Mittel recht ist, sich herauszuschwindeln, etwas aufbinden ließ. Wenn August jetzt die Verleumdungen ernst nehmen will, kann er es nicht ändern. Er wird ihm die Tochter nicht nachwerfen. Aber für Rose will er sich selbst verbürgen, seine Hand ins Feuer legen. August wendet ein, daß auch Flamm einen Eid geschworen hat. Bernd will glauben, daß die Eide falsch sind. August aber erklärt, daß ihn hier bald niemand mehr sehen soll. Er will Haus und Land verkaufen und sich anderswo niederlassen. Mit dieser Bemerkung vermag er endlich den festen Glauben Bernds zu erschüttern. Als August bekräftigt, daß er Rose nicht verlassen wird, weist Bernd ihn ab. Er mag tun, was er will, ihm ist es gleichgültig, ob ein Mann so eine Verworfene, „so a Mensch" in seinem Hause haben will. Er aber hat da nichts mehr zu suchen. Als August auf dringende Frage weiter antwortet, daß er zwar noch nichts Genaues weiß, daß aber sicher etwas gewesen sein muß, macht sich der alte Bernd fertig, um zum Pfarrer zu gehen.

Da kommt Marthel in höchster Angst in die Stube gestürzt und berichtet, daß mit Rose ein Unglück passiert sein muß. (74) Im gleichen Augenblick aber kommt Rose die Treppe herunter. Vater Bernd wendet sich verbittert ab, August in seiner Verlegenheit stellt sich, als ob er angelegentlich aus dem Fenster sähe. Rose tritt auf. Ihr Äußeres ist wirr und vernachlässigt, ihr Gesicht aber hat einen Zug bitter trotziger Entschlossenheit. Sie erklärt, daß sie gleich wieder gehen will, wenn man sie hier nicht mag. Rose wendet sich nun an August: er habe Grund, sie zu verachten, das könne sie nicht bestreiten. Als August sagt, daß er niemand verachtet, erklärt Rose: „Ich aber! Alle! Alle miteinander!" Bernd verlangt, daß sie das Kind Marthel nicht auch noch vergiftet und weist es aus dem Zimmer. Angstvoll fragt August, ob Streckmann recht hatte, als er sagte, sie habe falsche Eide geschworen. Rose antwortet, sie könne sich nicht mehr darauf besinnen, die ganze Welt bestehe ja aus Lügen und Trügen. Dann aber macht sie unverständliche Anspielungen auf etwas, das bei der Weide liegt. Flehend naht sich Rose dem Vater auf den Knien: der Vater hat sie auf seinen Knien gewiegt und auch sie hat ihm manchmal beigestanden. Nun ist etwas über sie alle gekommen, gegen das sie sich vergeblich gewehrt hat. Roses Elend überwältigt August. Er fordert sie auf, aufzustehen. Er wird sie nicht verlassen. Wer so bereut wie sie, dem wird auch vergeben werden. Er bittet den Vater, die Tochter aufzuheben. Die christliche Pflicht erfordert es. Vielleicht hat Vater Bernd auch manchen Fehler gemacht. Er selbst kann sich von Schuld nicht freisprechen. Rose beteuert ihm, daß sie immer Angst vor den Männern gehabt hat, aber daß sie sich an sie gehängt haben wie die Kletten. Wie ein Verhängnis ist es über sie gekommen, schließlich ist sie von Schlinge zu Schlinge getreten, so daß sie gar nicht mehr zur Besinnung kommen konnte. Bernd aber kann das Unglück, das sie betroffen hat und ihn mit, noch immer nicht fassen. Ein Mädchen, das handelt wie sie, verdiene kein Mitleid, das mag sich aufhängen. Rose antwortet, erst jetzt wisse sie Bescheid.

August aber hat nun seinen Entschluß gefaßt, er hält zu Rose. Er wird sein Land und sein Haus verkaufen und mit ihr weit weg ziehen. Er hat einen Onkel in Brasilien, der ihnen helfen wird. Da kommt der Gendarm zurück (78). Er hat vom alten Kleinert erfahren, daß Rose doch schon zu Hause ist und möchte seinen Auftrag an sie noch erledigen. Die Aufforderung, etwas zu unterschreiben, beantwortet Rose aber mit einem grausig hysterischen Lachen. Der Gendarm mahnt sie, das sei nichts zum Lachen. Rose aber fordert ihn auf, noch zu bleiben, und dann spricht sie plötzlich mit brennenden Augen aus, daß sie ihr Kind erwürgt hat. Der Gendarm, der das für kranke Phantasie hält, fährt ruhig in seinem Amtsgeschäft fort und meint, es werde sich um die Streckmann-Sache handeln. Rose schleudert ihm entgegen, Streckmann habe ihr Kind erwürgt. Bernd und auch der Gendarm reden Rose zu, die unsinnigen Reden zu unterlassen. Rose aber besteht nun ganz kalt darauf, sie sei ganz klar. Ihr Kind sollte nicht leben, nicht die gleichen Martern erleiden wie sie. Nun spricht August ruhig auf sie ein. Rose aber beharrt darauf, daß sie alle nichts wissen, mit offenen Augen nichts gesehen haben. Hinter der großen Weide, bei den Erlen am Teich beim Pfarrfelde kann man noch das „Dingelchen" sehen. Als sie das ausgesprochen hat, bricht Rose ohnmächtig zusammen. Bestürzt sehen sich die Männer an.

# 6. Charaktere

## 6.1 Rose Bernd

Erich Ruprecht hat darauf hingewiesen, daß bei Gerhart Hauptmann nicht die minderwertigen Naturen dem „Zug zum Abgrund“ verfallen, sondern gerade die „hoffnungsvollen Naturen, die sich aus ihrer ursprünglichen Bestimmtheit gelöst haben und in den Prozeß des Nur-Menschlichen eingetreten sind.[12] Das gilt für Rose Bernd noch mehr als für den Fuhrmann Henschel, dessen Schicksal oft mit dem Roses verglichen wurde, wozu das bei beiden vorkommende Bild vom Weg des Schicksals als Schlingen, die unschuldigem Wild gelegt werden und in die sie unvermeidbar geraten müssen, Anlaß bieten mochte. Aber es besteht doch ein sehr großer Unterschied zwischen diesen beiden. Henschel ist im vorgerückten Lebensalter, er war an eine Frau gebunden, die lange schwer krank, arbeits- und zuletzt bewegungsunfähig war, die ständiger Pflege und Schonung bedurfte. Seine Vitalität war notgedrungen unterdrückt. Aber die Natur blieb stärker, sie führte ihn in Abhängigkeit von der dumpfen, aber physisch gesunden, wenn auch moralisch tief gesunkenen, den eigenen Verfall indessen geschickt tarnenden Hanne, die bei ihm die Behaglichkeit einer bürgerlichen Existenz finden möchte, aber durch ihre Hemmungslosigkeit doch daran gehindert wird. Gesuchter und erstrebter äußerer Schein und die primitive Triebhaftigkeit ihrer Natur führen sie in unauflöslichen Zwiespalt, durch den sie nicht nur ihre eigene Sicherheit, sondern auch die aus einem langen Leben redlichen Mühens und ehrenhaften Wollens gewonnene Henschels zerstört.

Ganz anders ist die Lage bei Rose Bernd. Sie ist jung, kerngesund, aufregend gesund für die Männer, die ihr begegnen. Ihr Blut ist wohl, wie die eigene Mutter schon beim Kinde feststellte, „a wing gar zu heeß“. An ihr ist aber nichts von moralischem Verfall oder gar von Verkommenheit. Sie ist ein gerader, offener Mensch, nicht nur gesund und jung, sondern auch schön, „ein bildschönes Frauenzimmer“, wie ihr Flamm bestätigt, darüber hinaus aber ist sie auch arbeitsam, fleißig und tüchtig, häuslich und aufopfernd. Nach dem frühen Tode der Mutter hat sie,

[12] E. Ruprecht, S.13.

ohne zu murren, dem Vater den Haushalt geführt und die kleinen Geschwister, denen ihre noch halb kindliche Kraft kaum gewachsen war, pflichbewußt auferzogen. In Ängsten hat sie, wie sie selbst sagt, Marthel großgezogen, in schwerer Krankheit wie eine Mutter bei ihr gewacht, sich „fast schief" an ihr geschleppt, wenn sie ihr nicht vom Arm herunter wollte. „Das Madel hat Saft und Kraft dohie, die werd ihre Wertschaft zusammenhalten", so faßte der alte Kleinert, der sie von Jugend auf kannte, sein Urteil über sie zusammen, „die hebt a Weizasack selber uff und schleppt a bis uff a Oberboden". Keine Arbeit ist ihr zu schwer. Sie ist im Haus des frommen, wenn auch bigotten Vaters zu Gottesfurcht und innerer und äußerer Sauberkeit erzogen worden. Ein Abweichen vom geraden Weg hat sie, wie ihr der Vater vorhält, bei anderen verdammt, die Sünderinnen hat sie verachtet. Anders als Henschel, der an seiner unlöslichen Abhängigkeit von der sinnlichen Hanne angesichts ihrer Verworfenheit seelisch zerbricht und erklärt: „Aber wie gesagt: uf mich kommt's nich an", und der dann schweigend seinen verhängnisvollen Weg geht, kämpft die junge, das Leben erst erwartende, ganz dem Leben zugewandte Rose um ihr Lebensrecht und ihr Glück. Der Wille des Vaters bindet sie an den zwar herzensguten, aber physisch schwachen und kränklichen August Keil. Jede Frau muß bei August gut aufgehoben sein, es fehlt nicht der bescheidene materielle Wohlstand, der jedenfalls von der sozialen Stellung Roses her Aufstieg bedeuten würde. Auch die fürsorgliche und treue Liebe, ja die dankbare Achtung des Schwächeren für die als Opfer empfundene Einwilligung der körperlich Überlegenen bei August bürgen für eine gute Ehe. Rose sieht das alles ein und sie ist auch dankbar, fühlt diese Dankbarkeit als lastende Verpflichtung. Aber August hat den einen Fehler, daß er für die gesunde, wenn man will robuste, körperliche Konstitution Roses eben kein Mann ist, daß in der ehrbaren, frommen, aber auch ein wenig muffigen Atmosphäre seines Hauses, die von Traktätchen, Bibelsprüchen und christlicher Ergebung erfüllt ist, bei der man nie genau weiß, wie weit sie resignierende Schwäche ist, alles Sinnliche verkümmert. Aus Trotz gegen das ihr verhängte Schicksal, aus unbändiger und unbefriedigter Lebenskraft verfällt sie dem kerngesunden, aber an eine kranke Frau gebundenen und deshalb sinnlich unbefriedigten Gutsbesitzer Flamm. Schon als Kind, als sie noch mit Puppen spielte, hat sie in dem weidgerechten Reserveleutnant und

Gutsherrn, der auf der Höhe seines Lebens steht, das Urbild eines Mannes verehrt. Was beide zueinander treibt, ist zwar zuerst die Sinnlichkeit, aber es ist noch mehr. Es ist eine Art Wahlverwandtschaft zweier starker Naturen. Wohl weiß Rose, daß vor Flamms Beteuerungen, er würde sie heiraten, wenn nicht seine Frau wäre, eben dieses große und unüberwindliche „wenn" steht. Sie weiß, daß sie mehr trennt als nur die Tatsache seiner Ehe. Männer von Flamms sozialer Stellung sind nicht kleinlich, wenn sie ein Abenteuer suchen, aber doppelt wählerisch, wenn es um eine Heirat geht. Zwischen ihnen steht nicht nur Flamms Frau, sondern auch ihr Stand als Gutsherr und Magd. Aber Sinnlichkeit, triebhafte Lebenskraft und dazu die Verehrung für diesen Mann schwemmen alle Hemmnisse bei ihr beiseite, um dann, als der Rausch vorüber ist, sehr bald einer Ernüchterung und einem sachlichen Blick für die Wirklichkeit und die Erfordernisse des Lebens Platz zu machen. Sie kann nicht bereuen, was sie mit Flamm verband, dazu hat sie ihn zu aufrichtig gern gehabt. Es war eine scheue und bewundernde, aber auch reine und echte Liebe, die plötzlich zur hellen Flamme aufloderte und sie besinnungslos fortriß.

Aber diese Liebe, deren Vergänglichkeit Rose so klar war und deren Fortsetzung sie aus recht sachlichen und realistischen Gründen nicht will, bringt Rose dennoch in einen inneren Konflikt mit ihrer Pflicht gegenüber dem Vater und dem von ihm ausgesuchten Bräutigam, dessen Geduld sie jahrelang auf die Probe stellt. Sie ist dieser Liebe bedingungslos gefolgt, die Sinnlichkeit war stärker als die Besinnung. Aber Rose hat auch eine sehr gesunde und der Wirklichkeit zugewandte Vernunft. Gefühle und Träume sind schön, aber man kann auf die Dauer nicht von ihnen leben. Rose muß nicht nur für sich selbst sorgen, sondern auch für den alten Vater. Bei August erwartet sie gewiß kein himmelstürmendes Glück, keine Leidenschaft, aber stille Geborgenheit, und auch diese weiß Rose so hoch zu schätzen, daß sie bereit ist, dafür ein Leben lang hart zu arbeiten und zu büßen, wenn August ihren Fehltritt mit Flamm erfahren und sie seiner Verzeihung bedürfen sollte. Deshalb kann für sie ihre Liebe zu Flamm nur ein auf die Dauer unerfüllter Wunsch sein, er muß überdies Geheimnis bleiben, damit das Ziel, das ihr vorschwebt, „daß endlich amal nu ane Ordnung wird", nicht allzu weit wegrückt. Und die Heimlichkeit ist im Grunde nicht Roses Sache. Sie liebt klare und offene Verhältnisse. Sie will treu sein, den

Menschen, mit denen sie zu tun hat, frei ins Antlitz schauen können. Rose wollte das flüchtige Liebesglück mit Flamm, aber auch die Sicherheit und Geborgenheit in der Ehe mit August. Sie hat dabei aber die Umwelt außer acht gelassen, das rächt sich bitter an ihr. Roses Erlebnis mit Flamm hat ihr natürliches und anerzogenes Gefühl für äußere und innere Sauberkeit nicht beeinträchtigt, weil es trotz der für die Umwelt und auch sie selbst unmoralischen, sündigen Umstände ein echtes und reines Gefühl war. Vor der schmutzigen Gier Streckmanns aber und vor seiner liederlichen Lebensweise ekelt sie sich. Wohl vermag sie sich, um ihr Lebensziel nicht zu verlieren, vor ihm zu demütigen, ihn um Schonung und Wahrung ihres Geheimnisses zu bitten, ja, auf Knien anzuflehen, aber es ist in ihrer Natur nichts, was sie irgendwie geneigt machen könnte, seiner plumpen, verbrecherischen Werbung nachzugeben. Was sie ihm standhaft verweigert, nimmt er sich indessen mit Gewalt. Damit werden ihr Stolz, ihr Selbstvertrauen, ihre Zuversicht zerstört, umso mehr, als sie sich von Flamm Mutter fühlt und weiß, daß sie deshalb zur Auseinandersetzung mit der Umwelt gezwungen sein wird, daß das, was zwischen ihr und Flamm war, nun offensichtlich werden muß, daß sie dabei aber auch kein Verständnis erwarten darf. Nicht einmal bei der gütigen und ihr so wohlwollenden Frau Flamm kann sie zuversichtlich auf Hilfe hoffen, wenn die wahre Schuld herauskommt, da sie notwendig die natürliche Eifersucht verletzter Frauenehre in ihr hervorrufen muß. Vor der Hoffnung auf christliche Vergebung bei August aber steht die Angst vor der Härte und alttestamentlichen Unerbittlichkeit des Vaters.

Rose steht allein in einer feindlichen Umwelt, keine Brücke führt mehr hinüber aus ihrer Verlassenheit in die kleine geordnete Welt Augusts und des Vaters. Jeder Versuch, sich dorthin zu retten, muß überdies illusorisch sein, wenn sie nicht vorher Ordnung schaffen, die Bindungen der Vergangenheit endgültig lösen kann. Nun fühlt sich Rose gehetzt, umhergetrieben, ausgestoßen. Auch an Flamm, der ihre Lage verschuldete, kann sie sich nicht um Hilfe wenden, weil seine Frau, die am meisten verletzte, ihr mit mütterlicher Güte und fraulichem Verständnis begegnet, und weil es ihrer reinen Natur unerträglich ist, daß der Mann den sie wirklich liebt, erfahren soll, was zwischen ihr und Streckmann geschah, auch wenn das nur Gewalt war. Zur Angst kommt eine tiefe, bohrende Scham. Aus dieser äußersten Vereinsamung aber erwächst ihr ein verzweifelter Haß auf die ganze Menschheit, der umso tiefer und abgründiger wird, als sie auch in der Religion den gewohnten Trost nicht mehr zu finden vermag. Auch Gott hat sie verlassen oder ist einfach nicht da. Ihr Kampf um die Selbsterhaltung wird sinnlos, sie tritt „von Schlinge zu Schlinge“, bis sie die Besinnung verliert. In ein Netz von Lügen verstrickt, sieht sie schließlich kein Entrinnen mehr.

## 6.2 Christoph Flamm

Man kann in Flamm einfach den bürgerlichen Gutsbesitzer und Verführer sehen, der es nicht allzu schwer nimmt mit den Mädchen der unteren Klasse, mit einer Magd, der sein Vergnügen sucht, wo es sich bietet, und sich nicht viele Gedanken darum macht, wie das Ende sein könnte. Gewiß ist er zunächst Gutsbesitzer; um dieses Erbe antreten zu können, hat er die einst erstrebte Laufbahn eines höheren Forstbeamten aufgegeben. Aber es ist doch zu einseitig, ihn nur so zu sehen, wie etwa Albrecht ihn als den bürgerlichen Gutsherrn bezeichnet, der „seiner Ehe überdrüssig geworden eine Liebschaft beginnt, um sie ebenso rasch zu beenden, als sich die Widerstände häufen.[13] Schon vom Ende her bedarf diese Einseitigkeit einer Korrektur: nicht Flamm, sondern Rose beendet gegen erhebliche Widerstände Flamms das Liebeserlebnis oder Liebesabenteuer. Flamm ist auch nicht seiner Ehe überdrüssig, er hat seine Frau „ganz verflucht gerne“, aber sie ist seit neun Jahren krank, liegt zu Bett oder kann höchstens einmal in ihrem Rollstuhl in die Wohnstube kommen. „Das läßt sich gar nicht so einfach auseinanderpolken“, sagt Flamm über sein Verhältnis zu seiner Frau. Sachlich betrachtet, bestehen seit runden neun Jahren keine eigentliche ehelichen Beziehungen zwischen den beiden, ihr Eheleben ist auf gegenseitige Achtung und liebevolle, vielleicht von Flamms Seite auch nur pietätvolle Fürsorge gegründet. „Na zum Donnerwetter, was soll denn das mir nützen?“ fragt der vitale, ja leidenschaftliche und dabei kerngesunde Flamm. Bestimmend für Flamms Haltung ist die Angst, das Leben zu verpassen. Er ist im Grunde ein großer Junge geblieben, der noch von Abenteuern träumt. „Ich bin nu mal nich für den höheren Schwindel. Mir ist alles hier noch

[13] G. Albrecht, S. 90.

viel zu kultiviert. Blockhaus! Flinte! Bärenschinken! Und wenn einer kommt: Ladung Schrot in'n Hintern –". Das sind nicht gerade die Worte eines gereiften und mit beiden Füßen im Leben stehenden Mannes. Mag hier noch etwas Pose, der Wunsch, der jungen Rose als ganzer Kerl zu erscheinen, beteiligt sein, auch an anderen Stellen wird seine Weltfremdheit, sein Versponnensein in Liebhabereien, Eigenwilligkeiten und Träume sichtbar, und seine Frau nimmt ihn in mancher Hinsicht offenbar nicht ganz ernst. Auch als Jäger und Offizier posiert er, aber mehr vor sich selbst als vor anderen. Dabei ist er sich selbst darüber klar, daß er der „alte verdrehte Flamm", „ein verfahrener Kerl", ist. Aber er spielt zu gern seine gewählte Rolle und wenn es nur vor sich selbst geschieht.

Auch Flamms Verhältnis zu Rose ist nicht dasselbe wie die „früheren Chosen", die hinter ihm liegen, und von denen nur er selbst spricht, wobei offen bleibt, wieviel Renommiersucht, der Wunsch, dem Bauernmädchen zu imponieren, dabei beteiligt ist. Seine Liebschaft mit Rose jedenfalls ist ein Versuch, die eigene Jugend zu retten, dem vollen Leben, das er nur in Träumen kennt, zu begegnen. Wenn hinter seinen Beteuerungen, daß er gern Rose heiraten würde, auch das große „wenn" steht, so kann man sie doch nicht einfach als leere Redensarten abtun. Sie sind ehrlich gemeint, er liebt Rose auf seine eigenwillige, egoistische, aber doch ehrliche Weise. Ganz abwegig muß es deshalb erscheinen, wenn solche Redewendungen schon deshalb als Phrasen angesehen werden, weil man in Flamms Kreisen solche Liebesabenteuer leicht nimmt, aber nicht außerhalb seines Standes und schon gar keine Magd heiratet. Weil er es, wenigstens so lange seine Frau nicht dabei ist, mit Rose ernst meint, trifft ihn deren schroffe Abweisung so hart. Auch bei seinem Fehltritt fühlte er sich sauber, weil er in seiner lebhaften Phantasie die Wirklichkeit außer acht läßt. Als Rose ihm jedes Zusammenkommen, von dem er sich vorredet, daß er nur „'n verninftiges Wort" mit ihr sprechen will, standhaft verweigert, empört er sich: „Du tust ja, als wenn ich aussätzig wär'". Und der erste Vorwurf Roses, der seiner Gedankenlosigkeit, seiner Unfähigkeit, die Folgen seines Verhaltens zu erfassen, gilt, führt bei ihm gleich zu einem Wutausbruch.

Flamm ist zwar ein im Grunde ehrlicher Kerl, aber auch ein Phantast und, was für Rose noch tragischer ist, das Gegenteil von einem starken Kerl, dem sieghaften Eroberer, den sie in ihm sah. Es fällt ihm schon schwer, die harten Tatsachen des Lebens zu begreifen, aber unendlich viel schwerer, sie für sich anzuerkennen, da er in seiner lebhaften Phantasie sich unter einem ganz anderen Gesetz sieht, sich selbst die Rolle des starken Mannes und Helden vorspielt. Vielleicht würde es ihm nichts ausmachen, einem Mädchen, dessen er überdrüssig geworden ist, den Laufpaß zu geben. Kerle sind nun einmal so. Aber daß ein Mädchen ihn, den Jäger und Soldaten, den Mann aller Männer zugunsten eines „Veitstänzers“ wie August abhalftert, ist ihm unerträglich. Zwar trägt er auch das mit heroischer Pose, aber das ist nicht sein Ernst. Flamm ist eben nicht die Persönlichkeit, zu der Rose ihn sich selbst idealisierte, er ist ein recht hilfloser und ratloser Mensch, der sich hinter Geheimnissen versteckt und noch an sie glaubt, als sie allzu durchsichtig geworden sind. Ihm fehlt die Kraft des Entschlusses, dafür ist in der Welt, in die er sich selbst hineinträumte, kein Platz. Während Rose ihren sinnlosen, aber folgerichtigen Kampf bis zum bittersten Ende durchsteht, möchte Flamm entfliehen. „Seemann mißt' man geworden sein“, so träumt er sich weit weg von allen Schwierigkeiten, in die er sich in Leidenschaft und Selbstbewußtheit brachte. Flamm ist nur dann ein ganzer Kerl, wenn er seine große Rolle spielen kann, er versagt jedoch, wenn von ihm die Bewährung verlangt wird. Er wird begriffsstutzig, trotzig, seine Eitelkeit, die letzte Quelle seines großen Tuns, wird verletzt. Aber seine halbgebildeten Begründungen mit Platos „Phaidros“ machen auf seine Frau, die ihn genau kennt und durchschaut, nicht den geringsten Eindruck. Hilflos steht er vor dem Unheil, das er selbst angerichtet hat. Er versteckt sich hinter seiner Frau und droht ihr, daß er selbst nicht mehr leben will und kann, wenn Rose zugrunde geht. Ziemlich gleichmütig antwortet sie ihm, daß die Männer so viele Hilfe nicht wert sind. Sie ist manches von ihm gewöhnt, aber jetzt will sie ihm nicht helfen und tut es, weil sie ihn zu gut kennt, in schöner Inkonsequenz doch. Ihre Bemerkung: „Ihr Männer seid wie die Kinder dahier“, trifft auf ihren Mann ganz sicher zu.

Statt Roses offensichtlichem Leid nachzuforschen, bemitleidigt er nur sich selbst. Erst jetzt fällt alle Pose, übrig bleibt ein armseliger und bösartiger Egozentriker, der lieber den anderen untergehen läßt, als eine Kränkung des eigenen verlogenen Selbstgefühls hinnimmt. Er, nicht Streckmann, richtet Rose zugrunde. Bewußt läßt Hauptmann offen, ob das verhaltene Schluchzen, in das er ausbricht, aus dem Mitleid mit

Rose oder sich selbst kommt. Die präzise Regieanweisung fordert, daß er „im tiefsten Grunde erschüttert" ist. Aber über den Grund der Erschütterung besagt sie nichts. Es bleibt dem Zuschauer überlassen, das letzte Urteil über Flamm zu finden. Es kann aber nur dem Menschen gelten. Flamms heftige Reaktion kommt nicht aus verletztem Standesbewußtsein, sie entstammt nur seiner unzulänglichen, allzu lange hinter der Pose der Stärke, der Ehrbarkeit und des Pflichbewußtseins versteckten menschlichen Natur, seiner Armut an echter Menschlichkeit.

## 6.3 Frau Flamm

„Ich hab' ane eenzige Sache gelernt, neemlich was ane Mutter is hier uff der Erde und wie die mit Schmerzen gesegnet ist", sagt Frau Flamm von sich selbst. Nur von diesem Wort her ist ein Schlüssel zu ihrem Wesen zu finden. Sie heiratete einen Mann, der einige Jahre, vielleicht auch erheblich jünger ist als sie. Sie warnte ihn vor dieser Ehe. Aber wie so oft folgte er der Warnung nicht. Was sie veranlaßte, seiner Werbung zu folgen, war das starke Gefühl der Mütterlichkeit. Gerade die Unzulänglichkeit dieses Mannes, der die Führung einer starken Hand brauchte, um sich im Leben zurechtzufinden, mußte sie zu dieser Verbindung locken. Aber die Ehe, die zwei ungleiche Partner vereinte, die sich aber, weil beide so verschieden waren, ergänzten, stand unter keinem guten Stern. Die Frau wurde krank, bewegungsunfähig, an den Rollstuhl gefesselt, lebt sie seit Jahren ein stilles und freudloses Dasein neben ihrem Mann. Ihr einziges Kind wird ihnen früh entrissen, sie vermag den Schmerz nicht zu verwinden. Umso eindrucksvoller tritt ihre starke Persönlichkeit nun hervor. Sie kennt keinen Egoismus und kein Selbstmitleid. Ihr einziges Ziel bleibt, anderen Menschen und vor allem ihrem Mann noch so viel Glück zu verschaffen wie möglich. So zieht sie als Ausgleich für den früh verstorbenen Sohn die junge Rose ins Haus, „weil's ebens ni sollte zu tot um uns werden. Um meinetwillen braucht ich se nich". Unfreiwillig, aus bester Absicht, wird sie so zur unschuldigen Urheberin des ganzen Unglücks.

Aber diese kranke und hilflose Frau hat viel von der Kraft, wenn nicht alle, die ihrem Mann fehlt. Sie hat ein gesundes Urteil und den sicheren Blick für die Wirklichkeit und ihre Notwendigkeiten. Und sie hat auch die überwindende Liebe des Verstehens, des Mitleids mit den anderen und der Selbstüberwindung. Sie durchschaut die Mitmenschen. „Die sieht ein doch manchmal an, 's is reen zum in die Erde sinken", sagt Rose von ihr. Flamm aber, der sich zu sehr innerlich von ihr löste, wenn er auch äußerlich nie von ihr loskommt, legt es anders aus. Er meint: „Mutter is schlau, die sieht durch drei Bretter". Aber er macht dann doch die Einschränkung: „Sie ist ooch so gut wie'n Schaf". Darin aber ist er ungerecht, zum mindesten überheblich, Frau Flamms Güte ist nicht die eines Schafes. Sie ist zwar eine einfache Frau, der die höheren geistigen Dinge nicht liegen. Aber sie hat einen klaren Blick für das wirkliche Leben und seine Erfordernisse, wenn sie selbst auch durch ihre Krankheit vom Leben ausgeschlossen ist. Sie nimmt nichts so schwer, daß sie nicht nach Abhilfe suchen würde. Ihre Güte ist die der Lebenserfahrung, eines mütterlichen Herzens und des Leidens, vor dessen Schwere die scheinbar unheilbaren Nöte der anderen gering erscheinen. Aus dieser Herzensgüte entspringt ihre Hilfsbereitschaft: „Wingsten is ma noch zu was gutt in der Welt". Aber auch Frau Flamm vermag Rose nicht zu retten. Auch sie findet nicht das letzte Vertrauen. Die Hilflosigkeit ihres kranken Körpers schränkt ihre Bewegungsfreiheit und Handlungsmöglichkeit zu sehr ein. Vor allem aber sieht Rose in ihr die Frau des großen Herrn, der sie nur mit ehrfürchtiger Scheu begegnet, vor der sie sich aber auch schämt, weil sie ihr Vertrauen getäuscht hat. Und die gütige und verstehende Frau, eine der eindrucksvollsten Frauengestalten Hauptmanns, konnte den Schritt, der vielleicht noch zur Rettung hätte führen können, nicht gehen, weil ihr körperlicher Zustand ihn ihr verwehrte. Ihr bleibt nur der ebenso bange wie hoffnungslose Ausruf: „Da mecht ma an Engel vom Himmel bitten ...".

## 6.4 Bernd

„A sitt meinswegen schafgutt jitze aus, oaber wenn a lus lät, das werd't ihr nit glooba", so weist der alte Kleinert die Landsleute zurecht, die Rose mit August hänselten und den Ärger des alten Bernd herausforderten. Er weiß sich zu entsinnen, wie streng er vorging, als er noch Gutsverwalter war. Da hatten „de Frauvelker ni zu lacha ... da goab's nischte mit a Kerl'n sich rimtreiba". Er ist auch heute noch, da er längst ohne Dank aus dem Dienst als Verwalter entlassen worden und ein armer Mann geworden ist, der sich nur mit fremder Hilfe einen einigermaßen ausreichenden Lebensunterhalt verschaffen kann, der von der Gutmütigkeit anderer abhängig wurde, noch unbeliebt, wenn nicht verhaßt bei den Leuten. „Leuteschinder“ ruft man ihm nach, wenn er durch das Dorf geht. Für ihn aber ist das „de Rotte Korah“, die ihn, den Gerechten, verfolgt. „Ich habe nischte als bloß meine Pflicht getan“. Diese Pflicht aber ist ihm etwas Äußerliches, das, was befohlen wird, oder was man sich selbst aus religiöser Überzeugung oder Verranntheit befiehlt, sie bedeutet Härte gegen alle anderen und die Befriedigung der Selbstgerechtigkeit, der eigenen Heiligkeit und Unantastbarkeit. So ist auch die Ehre für Bernd nur die Unbescholtenheit, und darum muß er seinen Prozeß bis zum auch für ihn bitteren Ende durchführen. Er bleibt unbelehrbar, weil er in Selbstgerechtigkeit verstockt ist.

Das alles geht bei ihm unter dem Namen „Christentum“. Alles religiöse Erleben beginnt bei ihm mit der Moral. Das abstrakte Gesetz, die unerbittliche Vorschrift steht für ihn im Mittelpunkt der Lehre, und sein Gott ist der harte, mitleidlose Rächer jedes Verstoßes gegen seine Vorschriften. Als Bernd in der eigenen Familie der Sünde begegnet, ist ihm, als ob sich unter ihm ein Abgrund nach dem anderen auftue. „Du hast frieher de strengste Meinung gehabt ... A Madel, die das tutt, haste gesoat, die verdient keen Mitleed, die soll sich uffhenka“, das ist sein Urteil über Rose. Er lebt ganz in alttestamentlichen Vorstellungen oder wenigstens in dem, was ein konsequenter Calvinismus darunter verstand. Das christliche Grundgebot der Vergebung ist ihm fremd. Ihm ist die Welt ein Wald von göttlichen Vorschriften, zwischen denen der gerechte Mensch sich hindurchbalancieren muß. Wohl kennt er die Ergebung in Gottes Willen, er nimmt sein eigenes Schicksal willig aus Gottes Hand an. Aber seiner Selbstgerechtigkeit ist der Gedanke fremd, daß andere Menschen Sünder sein könnten, denen der wahre Diener Christi wie der gute Hirte dem verlorenen Schaf nachgehen muß, daß im Grunde alle Menschen Sünder sind, und daß dem, der viel gesündigt hat, auch viel vergeben wird. Er vergißt auch ganz, daß er nur den guten Werken der anderen, nicht zuletzt der Aufopferung Roses, die sich widerwillig August versprach, seine verhältnismäßig noch annehmbare Existenz verdankt. Menschliches und göttliches Gebot gehen ihm wirr durcheinander. Ihm ist die Schlechtigkeit der Menschen unabänderliche Tatsache, an der auch deren Reue nichts ändert. Aber eigentlich geht es ihm nur um die Reputation, das Ansehen nach außen.

Nichts fürchtet er mehr als Schimpf und Schande bei den Menschen. Ob er früher alles dafür getan hat, sie zu vermeiden, bleibt recht zweifelhaft, denn seine Bigotterie hat ihn offenbar allgemein verhaßt, zu einem Menschen, dem viele andere nur Böses wünschen, gemacht. Aber er nimmt die Umwelt nur in Haß und Rachsucht zur Kenntnis, mühsam genug hat er sich für sich selbst die erforderliche Reputation aus seiner Religion herausgeklaubt. Als er nun nicht länger an Roses Fehltritt zweifeln kann, ist ihm, als hätte er die Krätze am Leibe. Sein persönliches Unglück wird ihm gleich zum Zeichen des Jüngsten Tages. Und sein Urteil ist auch das des letzten und unabänderlichen Gerichtes: von der Sünderin sagt er sich los, um gleichzeitig alle seine kirchlichen Ämter aufzugeben. Er hat sich in Eigenliebe und Selbstgerechtigkeit versponnen. Nun wird dieses künstliche Gewebe um ihn gewaltsam zerrissen, die Welt ist stärker als er. Übrig bleibt ein alter, gebrochener Mann, der hilflos und ratlos dem Unglück gegenübersteht, das so gar nicht in seine Welt paßt. Nie hatte er die Kraft zu einem klärenden Wort der Liebe, ja nur einen Blick für etwas anderes als das, was er Religion, Christentum nannte, und was damit nur sehr wenig zu tun hatte. Auch seine Lieblosigkeit ist eine der entscheidenden Ursachen für Roses Untergang.

## 6.5 August Keil

August Keil ist körperlich benachteiligt, schwach und kränklich. Als Waisenkind ist er unter ärmlichsten Verhältnissen aufgewachsen, er hat keine Häuslichkeit gekannt, er war immer ohne Eltern und Geschwister, ohne einen Menschen, der ihn liebte. Es bleibt anzunehmen, daß er, auch wenn es nicht ausdrücklich gesagt wird, seine Herkunft gar nicht kennt. Seine Häßlichkeit läßt ihn nichts weniger als anziehend für junge Mädchen erscheinen. In seiner Verlassenheit hat er sich der Frömmigkeit zugewandt: „Ma muß sich an a Heiland halten“. Im Gegensatz zum alten Bernd mit seiner Missionsbüchse aber nimmt er das Christentum ernst, es wird ihm nicht nur Mittel zur Selbstgerechtigkeit. Gerade aus der Lieblosigkeit, der er im Leben begegnete, fand er zu wahrer christlicher Liebe zum Nächsten, besonders zum leidenden und verfolgten Mitmenschen.
In diesem schwachen und kranken Körper lebt und wirkt ein starker

Wille und eine Energie, die das Schicksal nicht einfach hinnimmt, sondern es überwindet. „Jedennoch, ich hab gesorgt und gearbeitet, und in der Arbeit hat Gott ooch Segen gegeben, daß ich nicht bin zuschanden geworden“, sagt er in aller Bescheidenheit, aber auch Bestimmtheit von sich selbst. Er hat sein Handwerk als Buchbinder erlernt, er ist als Traktätchenhändler umhergezogen, hat gespart und das Seinige gemehrt. Nun besitzt er Haus und Land und will einen Buch- und Papierladen aufmachen. Sein Fleiß, dem er auf eigenem Grund und Boden auch Leistungen abringt, die seine körperlichen Kräfte übersteigen, wird ihm gewiß die Zukunft ebnen. „Wenn ma denkt, wie a erscht mit d'r Tasche ging und ei de Derfern Schriftla verkoffte, hernoert, wie a a Leuta Briefe schrieb ... Heute hoat a ei Wandriß 's schiinste Anwesen und koan 's schiinste Madel eim Kreese heirota“, so beschreibt der alte Hahn ein wenig neidisch, aber doch mit allen Zeichen der Achtung Augusts Aufstieg.

Aber dieser Mann, der einem widrigen Schicksal so widrige Erfolge abrang, hat dennoch nicht das Selbstvertrauen, das ihn stark genug machen könnte, sein Lebensglück zu erzwingen. „Ich hab zwar nie kenn Vertrauen in mei Glick nich gehabt, denn warum? Ich bin ebens bestimmt zum Unglicke! Ma flennt. Das kommt asu, 's is eenmal nich andersch! Für mich wär das eenmal zu viel gewest“, so jammert er Rose vor, als sie wieder einmal zögert, der Heirat zuzustimmen. Das sind Töne, die Mitleid erwecken könnten und es auch tun. „Dem seine Krankheet und dem sein Unglicke, das tutt een ja in der Seele leid“ sagt Rose. Aber so wenig Vertrauen in das eigene Glück, in die Kraft, das Glück zu zwingen, macht ihn unfähig, die robuste und starke, leidenschaftliche und dem spontanen Gefühl folgende Rose, die erobert sein will, zu gewinnen. Augusts Frömmigkeit ist im Gegensatz zu der selbstgerechten des alten Bernd echt, er weiß um das christliche Grundgebot der Liebe, die auch den Sünder umwirbt. Aber da er sein Christentum verschwiegen in sich trägt, unterscheidet er sich nach außen hin nicht von denen, die Flamm verächtlich „die Brüder des Herrn“ nennt und deren „Gebetbuchvisage“ ihm physische Übelkeit verursacht. Er fühlt sich nicht stark genug, sich der ihm feidlich erscheinenden Welt zu stellen, die Mittel zu finden, mit denen er, dem die körperliche Kraft zur rohen Gewalt, die den Landleuten seiner Umgebung sicher am meisten Eindruck machen würde, fehlt, dieser Welt dennoch erfolgreich begegnen könnte. Aber August fehlt das Vertrauen in Gott und in die eigene Kraft. „Und von der Welt will ich nischt meh wissen. Mich widert das ganze Gemächte an. Ich hab so an'n Ekel vor Welt und Menscha, doaß ich orndlich ... ja, Vater, wie sool ich gleich soan? Wenn mir oll's asu bitter bis hierher stieht, da lach ich! Da hab ich ann Freede, zu sterba! Do freu ich mich orndlich wie kindisch daruff." Ein stilles Leben, eingeschlossen in seine vier Wände, will er führen, „wenn all's erscht vorieber is." Das ist nicht die Absicht, mit der die lebens- und tatenfrohe Rose gehalten werden kann. Auch für ihn gilt, was Rose dem Vater sagt, daß er in seinem Glauben wie in einem kleinen Kämmerlein lebt und nichts von dem weiß, was außerhalb geschieht.

Aber dieser Mann hat das letzte Wort in dem Stück. Auch die bitterste Enttäuschung seiner stillen Glückshoffnung macht ihn nicht irre an seinem Glauben, daß die unglückliche Liebe stärker ist als die glückliche. In unerbitterlicher Selbstprüfung erkennt er, daß auch er Rose unrecht getan hat, an ihr schuldig geworden ist, als er sie auf Wunsch und Druck des Vater hin an sich band, ehe sie ihn recht kennenlernte. Er überwindet alle Selbstgerechtigkeit. Gegen die lieblose Härte und Unerbittlichkeit der Moral des Vaters setzt er die verzeihende und rettende Liebe des Mitleidens. Aber diese Liebe findet er zu spät, sie kann Roses trostloses Wort: „'s hat een kee Mensch ni genug liebgehabt", nicht mehr aufheben. Nicht seiner späten verzeihenden Liebe hätte Rose bedurft, sondern der lebendigen und behütenden, die sie vor dem Sturz in den Abgrund hätte bewahren können, die ihr Geleit auf dem Wege im Leben gewesen wäre. Gewiß ist sein letztes Wort: „Das Mädel ... was muß die gelitten han!" schön und edel. „Eine neue Möglickeit der Liebe und des Verständnisses der Menschen untereinander"[14] wird sichtbar, in der das Mitleiden mit dem Unglücklichen und Irrenden für ihn zur Kraft der Wandlung und der Besserung werden kann. Auch hier kommt es zu spät, das Verhängnis war stärker als das Gute in den Menschen.

## 6.6 A. Streckmann

Ein bereits in Hauptmanns erstem Drama "Vor Sonnenaufgang" ausgeführter Gedanke, der Gemeingut der Zeit um 1900 war, nämlich daß die allzu rasche Änderung der Lebensbedingungen einfacher Menschen

[14] G. Albrecht, S. 35.

durch Industrie und Technik diese verdirbt, wird auch in Streckmann wieder Gestalt. Er war ein einfacher Landarbeiter und ließ sich als Maschinist für die Lokomobile der Dreschmaschine ausbilden. Von heute auf morgen verdiente er viel Geld, wußte aber nichts Rechtes damit anzufangen. Er wurde großsprecherisch und protzig. Das Geld verführte ihn, verschaffte ihm Erfolge bei den Frauen, bis er sich selbst in die Überzeugung steigert, unüberwindlich zu sein. Daß Rose ihn unbeachtet läßt, reizt ihn im Gegensatz zu Flamm, der in Rose nicht so sehr das Abenteuer als die entschwundene Jugend, das verpaßte volle Leben sucht, ist Streckmann ganz tierisch in seinem Begehren. Er will nur das Vergnügen und die Befriedigung seiner Eitelkeit, mindestens ebenso viel wert zu sein wie ein Gutsherr. Unbeherrschte, ja verkommene Triebhaftigkeit und soziales Ressentiment bestimmen sein Handeln. Je mehr Widerstand er bei Rose begegnet, umso stärker und hemmungsloser wird sein Begehren. Es führt ihn zum Verbrechen der brutalen und niederträchtigen Erpressung und schließlich zur Gewalt.

Aber es wäre nichts falscher, als in Streckmann ein Opfer der wirschaftlichen Verhältnisse, des technischen Zeitalters zu sehen. Sein ganzes Handeln ist verworfen und erbärmlich, weil er die verkommensten Mittel nicht scheut, um zu seinem ehrlosen Ziel zu kommen. Was ihn aber vollends zur auslösenden Ursache alles Verhängnisses macht, ist seine Neigung zu renommieren. Alle müssen wissen, was für ein ganzer Kerl er ist. Wohl ringt er mit sich, nachdem er Rose gelobt hat, zu schweigen. Er möchte sich sein Geheimnis, das nach der Gewalttat für ihn auch nicht mehr gerade ruhmvoll ist, nicht entreißen lassen. Aber er ist dazu zu schwach, die kleinste Kränkung seines übersteigerten Selbstbewußtseins läßt ihn wieder renommieren. Er macht Andeutungen, die im Endergebnis schlimmer sind als die offene Wahrheit. So kommt er zu seiner Rohheit gegen den seiner groben Kraft unterlegenen August. Die darauf erfolgende Klage gegen ihn bringt ihn in einige Verlegenheit. Er wird wenigstens für die Verletzung Augusts wahrscheinlich nicht ganz ohne Strafe davonkommen. Aber er spielt den Reuigen, der sich ungerecht angegriffen fühlte und nur in einer Art Bewußtlosigkeit, in unbewußter instinkiver Reaktion zuschlug. Alles andere will er vergessen haben. Die Klage wegen der Beleidigung Roses aber nimmt er nicht ernst. Er ist überzeugt, daß Rose ihr eigenes Interesse wahren und den Vater veranlassen wird, die Klage zurückzunehmen, weil ihr Austragen für sie notwendig schimpflich enden muß, sie allein dabei benachteiligt wird. Der Gedanke, daß Scham und auch Lebensangst ihr den Mund verschließen könnten, kommt ihm bei seiner niedrigen Gesinnung nicht. Weil ihm selbst jedes Schamgefühl, jede menschliche Regung fehlt, weil er ein schmutziger, primitiver und verbrecherisch veranlagter Mensch ist, wird er so zum Werkzeug des Verhängnisses, ja zum Verhängnis selbst an Rose. Er bricht ihre seelische und physische Kraft, aber ihre saubere und schamhafte Natur kann er nicht wandeln. Der Zuschauer steht zuletzt vor einem trostlosen Bilde dieser unvollkommenen Welt: die Unmenschlichkeit ist kein strafwürdiges Verbrechen, die Gerechtigkeit trifft nur ihre Opfer.

## 7. Themen zur Diskussion[15)]

In diesem Kapitel stellen wir – jeweils in einem knappen Umriß – Themen und Meinungen zusammen, die in der kritischen Auseinandersetzung mit Gerhart Hauptmanns Menschen- und Weltbild immer wieder angesprochen werden (vgl. Kap. 1.2).
Sinn dieser ‘Anstöße’ ist es, die Vielfalt der erläuterten Textaspekte für den Leser ‘griffig’ zusammenzudrängen, ihm andererseits Anregungen zu geben für seine weitere Beschäftigung mit zentralen Fragen um Hauptmanns Leben und Schaffen.

In den "Stimmen der Kritik“ gehen die jeweiligen Verfasser auf Inhaltliches, Formales und Gehaltliches des Dramas "Rose Bernd“ ein. Darin werden die zuvor entwickelten Gedanken noch einmal verdichtet, ohne daß der Anspruch auf Abschließendes, Endgültiges erhoben würde. In diesem Zusammenhang möchten wir nachdrücklich auf die Intention unserer Reihe "Königs Erläuterungen und Materialien“ hinweisen: Nicht

---

15) Die angesprochenen Problemkreise können sowohl für eine mündliche Erörterung herangezogen als auch zur Grundlage für einen schriftlichen Essay gemacht werden.
Wir lenken in diesem Gedankenzusammenhang die Aufmerksamkeit des Lesers auch auf weitere Bände unserer Reihe, in denen er Informationen auch zu Hauptmanns Theorieverständnis vom Drama erhält:
"Der Biberpelz“ / "Der rote Hahn“ (188/188a)
"Die Weber“ (189) "Die Ratten“ (284)

mundgerecht servierte Fertighappen, sondern die Hilfestellung für eigenes (entdeckendes und planvolles) Lernen ist impliziert, d.h. die konkrete Detailinformation ebenso wie Gedanken, Meinungen und Perspektiven als Grundlagen für die eigenständige Arbeit an und mit Texten.
Im übrigen machen wir in unserer kommentierten Literatur-Auswahl auf jene Titel aufmerksam (Fettdruck), die auch dem mit Gerhart Hauptmann nur wenig vertrauten Leser einen guten Folgeeinstieg in Leben und Werk eines der bedeutendsten Dichter Deutschlands ermöglichen.

## 7.1 Leben als Leiden

„Jeder Mensch", so hat Gerhart Hauptmann einmal gesagt, „richtig erkannt, ist ein bedeutender Mensch". Damit ist seine Idee einer umfassenden Menschlichkeit umrissen, aber es bedarf doch einer Erklärung dessen, was Mensch und Menschlichkeit für Hauptmann besagen. Ihm ist der Mensch nicht ein reiner Begriff, nach dem die Erscheinungsformen orientiert werden, wie bei den Klassikern, besonders bei Schiller. Menschlichkeit ist ihm auch kein philosophischer Begriff im Sinne klassischer Humanität, sondern eine ethische Forderung an den einzelnen. Es gibt immer nur den einen realen Menschen, den er gestaltet, dessen Schicksal ihn fesselt und zur Gestaltung drängt. Man kann unmöglich bei Hauptmann einfach von einem menschlichen Typ sprechen, es gibt ungezählte Möglichkeiten, und nie sind zwei Menschen völlig gleich. Hauptmann selbst sprach einmal vom „Fluch der Zerstreuung", der über seinem Werk liegt. Aber alle die vielfältigen und vielgesichtigen Gestalten tragen doch das eigentümliche und unverkennbare Gepräge der Gestaltungskunst Hauptmanns und sind als Kinder seines Schaffens unverwechselbar. Darin liegt bei aller Vielfalt im einzelnen die Größe seines Lebenswerkes, daß seine Gestalten sein dichterisches und menschliches Wollen sichtbar machen, wenn sie auch nicht auf eine künstlerische, philosophische oder soziale Tendenz hin gedeutet werden können, sondern als Einzelmenschen erfaßt, begriffen und erlebt werden und zwar in ihrer und auch damit ihres Dichters Menschlichkeit.
„*Dichten ist ein großes Erleiden*", sagte Hauptmann von seinem eigenen Schaffen. Das läßt sich an Rose Bernd leicht ableiten. „Uff Erden is

halt bloß Jammer und Not, und mir miss'n halt uff a Himmel wart'n", sagt Rose schlicht und ruhig, als sie Abschied von Flamm nimmt. Es ist keine Klage, sondern eine Feststellung, eine Erfahrung.

Die Welt ist nicht für das Glück der Menschen geschaffen, sie ist zum Leiden da. Und an diesem Leiden an der Welt haben alle Gestalten des Schauspiels teil: Flamm, der seine Enttäuschung über ein verpaßtes Leben nur mühsam und krampfhaft hinter der Pose des starken Mannes zu verbergen sucht, August, der seinem Glück nicht zu vertrauen vermag, den die bitteren Erlebnisse der Jugend und seine physische Unzulänglichkeit zum Menschen und Weltverächter gemacht haben, der zwar Halt in der Religion sucht, aber nicht die Kraft der Liebe findet, die auch ihm in der Welt die Überwindung des eigenen Leidens ermöglichen könnte. Aus dem Übermaß des Leidens findet Frau Flamm zu einer selbstüberwindenden Menschlichkeit, die das Leiden der Mitmenschen lindern könnte, wenn sie nicht an den Rollstuhl gefesselt wäre, wenn sie in die Welt hineinwirken könnte. Aber gerade dieses Wirken ist ihr versagt, und so bleibt ihre Güte und reine Menschlichkeit wirkungslos. Zwischen den Menschen und dem Glück steht immer wieder ein „wenn", und es ist unüberschreitbar. Selbst der verkommene Maschinist Streckmann ist nicht als Bösewicht an sich, sondern als Getriebener seiner maßlosen Leidenschaft und Eitelkeit gestaltet. Auch er ist trotz der krampfhaft zur Schau getragenen „Forsche" ein Unglücklicher, der das Rad des Schicksals in Schwung setzte und es nicht mehr aufhalten kann, bis auch er selbst von ihm zugrunde gerichtet wird.

Frank Wedekind hat einmal boshaft von Hauptmann gesagt, daß er mit dem Notizbuch in der Hand durch das Leben gehe, um jede Erfahrung aufzuheben und sie bei passender Gelegenheit zu verwerten. Richtig ist daran, daß Hauptmann seine Gestalten wie auch Rose Bernd oft aus einem Ereignis oder Erlebnis im Alltag gewinnt und sie niemals aus ihren Lebenszusammenhängen herautreten läßt. Richtig ist weiter, daß sie nicht diese Lebenszusammenhänge bestimmen, sondern von ihnen bestimmt, getrieben werden, sich immer auf den *Weg des Leidens* gedrängt finden, bis es keinen Ausweg mehr gibt. *Hauptmanns Menschlichkeit ist keine Idee, keine philosophische Vorstellung, sondern eine empirische Erfahrung.*

So ist auch Rose Bernds Weg bestimmt. Auch die starke und lebensbejahende Rose hielt ihr Schicksal nicht in eigener Hand. Sie wurde eine Getriebene, gehetzt von den Männern, von der Umwelt, mehr noch von sich selbst, von ihrer Angst vor Vater, August, Frau Flamm und der ganzen Meute, die ihr das Frömmlertum des Vaters und ihre eigene strenge Erziehung als Anmaßung und Überheblichkeit anrechnete.
Der Mensch, der aus einem guten scheinbar ein schlechter wird, das ist nicht der Weg eines moralischen Verfalls, sondern eines *Leidens an der Welt*. Rose nimmt dieses Leiden nicht einfach hin. Sie kämpft um ihre Selbstbehauptung.
Aber dieses Leiden, das ist Hauptmanns Grundidee, muß nicht unabänderlich sein. Es ist kein Naturgesetz, sondern eine Folge der unmenschlich gewordenen Ordnungen, die über das Leben gesetzt sind. Immer wieder tut sich eine Tiefe vor dem Menschen und gerade dem besten auf, die ihn in sich hinabzuziehen droht. Hauptmanns Schicksal endet pessimistisch. Es gibt keinen Ausweg für Rose. Aber Roses Leiden ist kein rein passives. Darin unterscheidet sie sich von manch anderen Heldinnen Hauptmanns. Ein ähnliches, aber doch wesensverschiedenes Schicksal gestaltete der Dichter in dem 1926 uraufgeführten Schauspiel "Dorothea Angermann". Die Pfarrerstochter Dorothea geht zugrunde an ihren Süchten, an ihrer Hemmungslosigkeit, sie wird sicher darin, daß es auf dieser Erde nichts gibt, was der Gerechtigkeit ähnlich ist. Gemeinsam mit Rose hat sie, daß sie im Leben nicht die Güte, die liebende Fürsorge und Gemeinschaft kennenlernte, die sie hätte leiten können. Sie setzt ihrem zerstörten Leben selbst ein Ende. Das aber bedeutet eine Resignation des Dichters, die in "Rose Bernd" noch nicht galt. Rose bleibt bis zum Schluß aktiv. Aber es bleibt doch das trostlose Ende eines Verhängnisses, das niemand aufhalten konnte oder wollte, weil niemand die einzige Kraft, die es ermöglicht hätte, die uneigennützige tiefe und alle Hemnisse der Vorurteile überwindende Liebe, hatte.

Aber dennoch ist die Welt nicht trostlos und unerlösbar. Es bleibt ein Zug der "ewigen Revolution", wie Hauptmann es nannte. Die Welt ist nicht ihrer Natur nach zum Tal des Leidens bestimmt, erst die Menschen haben sie dazu gemacht. In Augusts Schlußwort, aber auch schon in Roses tapferem Kampf, leuchtet die Idee auf, die dieses Leiden zu überwinden vermöchte. Diese Läuterung zu der Liebe, die das

Leid an der Welt und durch sie beheben könnte, ist aber nur dem einzelnen möglich, sie muß als eine Art Gnade geschenkt werden, aus eigener Kraft kommt niemand dazu. Wenn sie geschenkt wird, bleibt sie immer noch ein Wagnis, denn die Menschen leben allzu gern in dem Perfektionismus der sozialen Mechanismen, die sie sich geschaffen haben, und aus denen letzten Endes alle Unordnungen, Ungerechtigkeiten und Leiden entstehen. Nicht Selbstgerechtigkeit, sondern Selbstverantwortlichkeit muß am Anfang stehen. Es muß aber, wie Hauptmann glaubt, möglich sein, den Menschen die Bereitschaft zum Mitleiden zu vermitteln, sie von der Gewalt der Vorurteile und harten Normen zu befreien, sie zur reinen Menschlichkeit zu führen. Das ist nicht die herrscherliche, alle menschlichen Gebrechen sühnende reine Menschlichkeit, die Goethes "Iphigenie" verkündet, die aus der Kraft des reinen Herzens gewonnen wird. Diese Menschlichkeit ist immer nur Idee geblieben. Hauptmann meint die Erkenntnis, daß alle Menschen Leidende und Sünder zugleich sind, die der Erlösung bedürfen, daß aber in der Unterordnung des eigenen Leidens, mag es auch noch so groß sein, eine neue Kraft entstehen kann, die mit dem fremden Leiden auch das eigene lindert und schließlich aufhebt.

## 7.2 Die Macht des Verhängnisses

Im "Armen Heinrich", dem unmittelbar vor Rose Bernd entstandenen Werk Hauptmanns steht der Satz: „Die Ringenden sind die Lebendigen, und die in der Irre rastlos streben, sind auf gutem Wege". Das könnte auch in dem schlesischen Schauspiel um die Bauernmagd Rose Bernd stehen. Es ist falsch, die Anklage gegen die bestehenden Gesellschaftsordnungen, die es gewiß enthält, nicht sehen zu wollen. Frühere Jahrzehnte haben nur sie gesehen, neuerdings neigt mancher zum anderen Extrem. Ebenso falsch aber ist es auch, die soziale Kritik als eigentliches Ziel des Dichters zu sehen. Es gibt im Leben des einzelnen und der Gesellschaft etwas, was unberechenbar bleibt, was auch in jeder anderen Gesellschaftsschicht und in jeder sozialen Ordnung auf unergründliche Weise den Weg des Lebens zum Irrweg machen kann, vor dem Menschen Abgründe aufreißt, in die er stürzen muß, ihm Schlingen legt, in denen er sich fängt, das ist Verhängnis.

Dieses Verhängnis aber trifft gerade die guten, starken und wertvollen Menschen. Es bedarf einer gewissen Lebenskraft und eines starken Lebenswillens, um reif zu werden für diese tragischen Mächte, mag man sie Zufall oder Schicksal nennen. Es sind Mächte, die im Menschen selbst angelegt sein oder von außen an ihn herantreten können, deren Wirken aber auch der härteste Widerstand nicht bricht, die der menschliche Kampf nur um so wirksamer und unausweichlicher macht. Dabei wird nur die Folge dieses Verhängnisses sichtbar, das sich oft scheinbar belangloser Anläße bedienen kann, um die ganze Kette des tragischen Geschehens auszulösen. Warum der Mensch das kleine „wenn“, das alles ändern könnte, nicht erkennt oder einfach unbeachtet läßt, bleibt ein Rätsel. Gewiß ist die Welt unzulänglich und leistet den Mächten des Verhängnisses Hilfe, aber ihr Wirken bleibt im letzten dennoch ein Geheimnis, das tragisch ist.

Es gibt keine Tragik im Sinne der griechischen Tragödie oder des französischen oder deutschen Klassizismus, kein tragisches Verhängnis, das eine beleidigte ewige Weltordnung, ein verletztes ewiges sittliches Gesetz, das vor Göttern und Menschen schon galt, oder ein nicht befolgtes Göttergebot rächen will, um im Untergang des Helden die gestörte Ordnung wiederherzustellen. Hauptmanns Tragödie hat keine heroischen, sondern nur schlicht menschliche Züge. Die klassische tragische Idee ist für ihn nicht mehr zeitgemäß, weil es kein allgemein verbindliches Weltbild mehr gibt, weil es deshalb auch nicht um die Menschheit als Idee oder Begriff, sondern nur um den einzelnen Menschen gehen kann. Aber Hauptmann sieht diesen Einzelmenschen nicht als Teil eines Kollektivs, eines Standes oder einer gesellschaftlichen Gruppe. Ihm ist echte Tragik darum auch nicht nur in hohen Kreisen und in wichtigen Menschheitsentscheidungen zu Hause, sondern, wie es in "Die Ratten“ heißt, auch bei einer Reinemachefrau aus der Mulackstraße im Berliner Osten.

Zwei Stellen in Hauptmanns Werken bezeichnen das eigentliche Motiv, aus dem sich das tragische Geschick der Hauptmannschen Gestalten immer wieder entwickelt. Das eine Wort spricht in den "Webern“ der alte Vater Hilse: „A jeder Mensch hat halt a Sehnsucht“. Das andere dort steht im "Roten Hahn“. Die sterbende alte Wolffen tastet mit beiden Händen über sich und stammelt: „Ma langt ... ma langt nach was“. Es ist die Sehnsucht nach innerer und äußerer Freiheit, und diese

Sehnsucht lebt auch in Rose Bernd. „Am liebsten fleeg ich ei alle Welt", sagt sie am Wendepunkt des Geschehens zu Flamm. Aber dieser Freiheit sind unüberwindliche Schranken gesetzt. Der einzelne Mensch lebt selbst in der Vereinsamung noch in zahllosen Bindungen an die Umwelt, und ein Augenblick kann aus solchen Bindungen tückische Schlingen machen, aus denen er sich nicht mehr zu befreien vermag.
Rose war ein starker Mensch, gesund und lebensfroh. Aber über ihrem Leben lagen die Schatten der Umwelt. Nichts gibt es in ihrem Wesen, das sie auf den Irrweg, der sie schließlich in Schande und Verbrechen führte, zwangsläufig führen mußte.
Aber ob Rose nun ihre Umwelt bejaht oder nicht, sie bleibt doch vielfältig an sie gebunden. Zum Verhängnis aber wird *diese* Schuld erst, als Streckmann – durch Zufall oder systematische Schnüffelei – ihr Geheimnis entdeckt. Dennoch vermag sie ihre aus der Leidenschaft eines reinen und starken Herzens und aus echter Bewunderung für den starken Mann verschenkte Liebe nicht als Sünde zu empfinden. Sünde wird hier zum sozialen Problem, sie berührt ihre Stellung unter den Mitmenschen, nicht ihr Inneres. Aber die äußeren Bindungen werden dafür umso härter.
Rose kann und will die Bindungen nicht aufgeben, muß aber erkennen, daß sie gefährdet sind. Sie sucht, um jeden Preis die Gefährdung fernzuhalten, damit aber werden ihre Bindungen zu Schlingen, die sie zu erwürgen drohen. Das Verhältnis, das Rose hetzt, Abgründe vor ihr aufreißt, sie in einen Taumel jagt, der alle Besinnung raubt, erwächst aus dem Widerspruch von Wollen und Können, von Sehnsucht und Wirklichkeit. Die Welt will und verträgt die Wahrheit nicht, mag sie auch das Gesunde, Natürliche und Förderliche sein. Sie ist selbst in Normen, Sittengebote, Gesetze, soziale Vorurteile und überdies die krankhafte Freude am Unglück der anderen verstrickt, und daraus werden die verborgenen Schlingen geformt, in der sich der Mensch, der nicht so verkommen ist wie sie, der seiner Natur folgt, heillos fängt, bis er ermattet, zerschlagen und verzweifelt zugrunde geht. Es ist dunkel in dieser Welt.
So ergibt sich die nur scheinbar paradoxe Umkehr, daß nicht Rose, wie Hering sagt, „in trotzige Lüge und Meineid" taumelt, sondern daß die Welt, in der sie ihr Recht auf das Leben mit diesen Mitteln verteidigen muß, selbst eine einzige Lüge ist, daß ihre Lebensordnungen nicht oder nicht mehr wahr sind, nicht mehr dem Leben dienen, sondern Verfäl-

schungen, Verzerrungen und Verhärtungen von an sich möglichen Ordnungen sind, damit aber auch zu Mächten des Verhängnisses für den starken, nach dem reinen Leben drängenden Menschen werden.
Einsamkeit und Gottverlassenheit sind das Verhängnis dieser Welt, in der jeder gegen jeden ist, auch wenn er seine wahre Gesinnung hinter scheinbaren sozialen oder religiösen Normen verbirgt. Es ist eine Welt des wirren Nebeneinander, nicht des planvollen Miteinander der Menschen, eine Menschheit der Kontaktlosigkeit, die an Stelle der Liebe und des Verständnisses nur noch Mißtrauen, Argwohn und namenlose Angst kennt. Gewiß steckt in diesem Schauspiel viel Gesellschaftskritik. Das gilt hier wie in anderen Werken Hauptmanns. Aber diese Gesellschaftskritik ist nicht alles, sie allein macht das Geschehen nicht tragisch und weist auch auf keine neue Humanität.
In "Rose Bernd" deutet Hauptmann eine Möglichkeit zur Überwindung dieses Verhängnisses an in Augusts Worten, die den leidenden Menschen wieder in seine Würde einsetzen dadurch, daß der andere freiwillig einen Teil diese Leidens stellvertretend auf sich nimmt. Wenn aber hier noch eine schwache Hoffnung anklingt, so hat die Entwicklung der Menschheit diese Hoffnung nicht bestätigt. In "Magnus Garbe" hat Hauptmann fast 40 Jahre später diese Verlorenheit des Menschen, die alle Wahrheit und Gerechtigkeit vergessen und durch Gewalt und Selbstgerechtigkeit ersetzt hat, im Bilde der Hexenverfolgung zu erschütternder Tragik gestaltet. Auch Rose Bernds Schicksal ist schon eine Hexenverfolgung, eine Hexenjagd.

## 7.3 Naturalismus und Humanismus

Auch "Rose Bernd" gehört zu den Schauspielen Hauptmanns, die dem *Naturalismus*, in dessen Zeichen seine dichterischen Anfänge stehen, eingeordnet worden sind. Die *breite Detailmalerei* der einzelnen Szenen legte diese Deutung sofort nahe. Bis in jede Einzelheit ist das jeweilige Bühnenbild vorgeschrieben. Die sehr genauen Bühnenanweisungen gehen oft weit über das hinaus, was auf der Bühne möglich ist. Kein Schauspieler kann im Spiel auf Anweisung hin plötzlich leichenblaß oder aschfahl werden oder erröten. Selbst wenn das aber durch einen Trick der Masken ermöglicht würde, könnte es von keinem Zuschauer auf dem Range, und auf diesen legte Hauptmann immer besonderen

Wert, wahrgenommen werden. Ein „blitzartiges Aufleuchten ihrer Augen“, wie es Frau Flamm bei Roses stummem Bekenntnis abgefordert wird, ist zweifellos nicht sichtbar zu machen. Andererseits spricht die reiche Bühnenerfahrung Hauptmanns aus manchen Anweisungen, die durchaus realisierbar sind, etwa die Ermüdung der Arbeiter beim Dreschen durch Hitze und Anstrengung.

Als Hauptmann lange vor ”Rose Bernd“ einmal von einem Freunde auf diese allzu eingehende Beschreibung des Details in seinen gedruckten Texten aufmerksam gemacht wurde, antwortete er: „Soweit die Bühnenaufführung in Betracht kommt, mögen Sie recht haben. Aber erstens werden Dramen auch gelesen und zweitens: die Bühne macht ihre Abstriche. Warum soll der dramatische Dichter kleine, charakteristische Umstände verschweigen, die seine innere Vorstellung aufweist, da sie auf der Bühne zwar wegfallen, aber doch in nichts den Bühnenverlauf eines Stückes beeinträchtigen“. Mit dieser Feststellung ist aber nur eine der rein technischen Seiten des naturalistischen Dramas erfaßt. Eine zweite ist die *Anwendung des Dialektes*. Hauptmanns Gestalten sollen so sprechen, wie sie auch in der Wirklichkeit sprechen würden. Ein Mann wie Flamm etwa wird die Mundart durch Einschluß schriftdeutscher Wendungen für sich zum Jargon wandeln, er wird auch anders sprechen, wenn er eine Amtshandlung vornimmt, als wenn er sich frei gehen läßt. Aber auch damit ist nur eine recht äußerliche Seite des naturalistischen Dramas gekennzeichnet, die auch bei Dramatikern anderer literarischer Richtungen möglich ist.

Entscheidend für den Naturalismus ist, daß alle *Verwicklungen aus natürlichen, etwa erbbiologischen oder gesellschaftswissenschaftlichen Gründen* entstehen, daß sie natürlich bedingt sind und daß die Tragik im Wirken solcher verstandesmäßig faßbarer Gründe ihren Ursprung hat. Der Naturalismus will die Vollendung der materialistischen Weltschau auch im Drama. Natur- und Gesellschaftswissenschaft vermögen die Gründe des tragischen Verhängnisses klarzulegen, und deshalb gibt es auch keine Möglichkeit der Umkehr, sondern nur den einen Weg, den die Natur vorschreibt. Der Mensch ist naturgesetzlich zum Untergang oder Aufstieg bestimmt.

Diese naturalistische These aber versagt vor Hauptmanns Werk. Gewiß hat dieses Schicksal seinen Ursprung und seine Antriebe im Widerstreit des einzelnen Menschen mit seiner Umwelt, aber es gibt keine absolute

Zwangsläufigkeit aus Naturgesetzlichkeit, sondern eine unberechenbare und unausweichliche Kette von Geschehnissen, die zwar von charakterlichen Eigenschaften oder Umweltbedingungen ausgelöst werden können, deren Wirken aber im letzten das Geheimnis bleibt, das über allem menschlichen Geschick liegt. Erst dadurch aber wird die Dichtung Hauptmanns tragisch, denn alles Naturnotwendige ist zwar für die Betroffenen traurig und verdient Anteilnahme, weil es die Vergänglichkeit und Zerbrechlichkeit alles Irdischen kundig macht, aber es ist nicht tragisch. Tragik entsteht erst im Widerstreit des Guten, Wahren und Starken gegen das Böse. Falsche, Unterwürfige, mag der tragische Held selbst nun das Böse oder das Gute vertreten. Von diesem Gesichtspunkt aus ist Rose Bernds Schicksal tragisch. Wenn man einen strengen Maßstab anlegt, so ist Hauptmanns Dichtung niemals ganz naturalistisch gewesen, weil er von vornherein den Schwerpunkt des Geschehens auf die inneren Vorgänge legt. Wohl bleiben die äußeren Ereignisse als Antriebe, aber nicht als bewegende Motive des tragischen Geschehens. Hauptmann drückt dieses Verhängnis im Bilde der Schlingen aus, die unschuldigem Wild gelegt werden. Hat sich der Mensch mühsam genug aus der einen Schlinge befreit, so ist er unsicher und erschöpft geworden, blind taumelt er in die nächste, bis er schließlich in den Fallstricken erwürgt wird.

Da sich der Mensch in seiner tragischen Verstrickung gegen seine Umwelt verschließt, muß er immer tiefer in die Vereinsamung geraten, bis er sich schließlich von den Menschen und von Gott verlassen findet. Der "Fuhrmann Henschel" hat am Grabe seiner ersten Frau um ein Zeichen gebetet, das ihm, dem Schwerfälligen, andeuten möge, welchen Weg er zu gehen habe. Rose hat in ihrer äußersten Not zu Gott geschrien, aber „kee himmlischer Vater hat sich geriehrt". Hier ist der Mensch in die Grenzsituation geführt, in der einsame letzte Entscheidungen von ihm gefordert werden. Aber er ist ihnen nicht gewachsen. Henschel geht still und entschlossen aus dem Leben. Die leidenschaftlicher um ihr Lebensrecht kämpfende Rose Bernd tötet in Not, Schmerz und verzweifeltem Menschenhaß ihr Kind.

Weil es in "Rose Bernd" um diese Frage der Lieblosigkeit in der Welt geht, erspart der Dichter dem Zuschauer die Gerichtsverhandlung. Ob ein Gericht, wie jenes, dem Hauptmann selbst angehörte und das ihm die Anregung zu diesem Drama gab, zu menschlichem Verstehen für die irregegangene Rose käme oder nicht, ist im Grunde belanglos, denn sein Urteil kann die Welt nicht ändern, es wäre aber nur dann sinnvoll, wenn es dem Leben diente. Rache oder Vergeltung verlieren ihren Sinn, wo es um tiefstes menschliches Leiden, um letzte Lebensangst und Not geht. In einer Welt, die zum Leiden bestimmt ist, auf der „bloß Jammer und Not" sind, kann es auch keine irdische Norm der Strafe, der Sühne oder auch der Besserung geben. Auch sie bleibt „tönendes Erz und klingende Schelle". So lange es keine neue Ordnung gibt, die aus der Kraft echter Menschenliebe stammt, mag diese christlich oder anders gegründet sein, bleibt alle menschliche Bemühung um diese Welt unvollkommenes Stückwerk ohne Wirkung auf diese Welt, vielleicht wird sie sogar neues Leiden und neue Katastrophen hervorrufen.

Hauptmanns Humanität zielt auf den einzelnen Menschen. So sehr die Welt die Heimat des Leidens, der Vereinsamung und der tragischen Vernichtung ist, sie ist doch nicht hoffnungslos. Es gibt Kräfte im Menschen, die geeignet sind, das Leiden zu lindern und aufzuheben, die Welt trotz ihrer Unvollkommenheit bewohnbarer zu machen. Nicht der Mensch an sich ist schlecht, die Zustände sind es, in denen er leben muß. Alle echte menschliche Beziehung aber muß aus dem Inneren erwachsen, sie muß freie Willensentscheidung des einzelnen sein, der sich über gültige Normen und Scheinordnungen hinwegzusetzen vermag, um an Stelle des unaufhebbaren Urteils die Fürsorge der tätigen Liebe zu setzen. Nicht von außen, vom Gesetzgeber oder von der Religion allein kann eine solche bessere Welt geschaffen werden, sondern nur vom einzelnen Menschen, der die Kräfte seines Herzens mit dem Mute des Bekenners vertritt, der bereit ist, sich selbst bloßzustellen um des Mitmenschen willen.

## 7.4 Stimmen der Kritik [16)]

### (1) „Ohnmacht der Sprache"

... Diese geistig tätige Macht der Sprache, die seit Lessing auch im deutschen Drama wirksam wird, fehlt bei Hauptmann, und darum sehen sich die vom klassischen Drama genährten Erwartungen bei ihm enttäuscht. Josef Hofmiller kommt deshalb in seinen Essays über Hauptmann nur zu scharfer Ablehnung. Er spricht von einer „Serie kinematographischer Bilder" und meint: „Aneinanderreihen von Szenen, seien sie noch so fein und genau beobachtet, gibt nie ein Drama ... Tragische Menschen sind wollende Menschen, kämpfende Menschen, keine deterministischen Marionetten." Diese etwas schulmeisterisch klingenden Urteile wird man nur entkräften können, wenn man beachtet, wie das Umschlagen der Rede in die Gebärdung des Affekts die Hauptmannsche Dramenform bestimmt und die Ohnmacht der Sprache als eine dem Menschen zugehörige Erfahrung dichterisch produktiv wird. Aber man wird auch dann noch feststellen müssen, daß diese Ohnmacht nicht mit der Macht der Sprache in ein Wechselspiel kommt und deshalb auch die tragische Verkennung nur auf die Grenzen des sprachlichen Sich-Verständigens zurückführt. So ist es kaum angebracht, die Hauptmannsche Gebärdenkunst in die Nachbarschaft des Shakespearschen Dramas zu rücken, da sie einem ganz anderen Formgesetz folgt, das eher noch in die Nähe des Films führt und dessen künstlerische Möglichkeiten vorwegnimmt. Hauptmanns Naturalismus gewinnt in dem Maße eigenes Gewicht, wie er die Ohnmacht der Sprache dramatisch fruchtbar macht.

Die in den ersten Dramen gewonnenen Möglichkeiten bestimmen eine große Reihe auch der folgenden Werke; die mimischen Formen werden weiterentwickelt, auf andere Lebenskreise und Situationen übertragen; aber die Grundlagen bleiben die gleichen. ›Das Friedensfest‹ von 1890 nennt sich eine „Familienkatastrophe"; aber auch die ›Einsamen Menschen‹ von 1891, den ›Michael Kramer‹ von 1900 und noch ›Vor Sonnenuntergang‹ von 1932 könnte man so nennen. Man könnte sie aber auch „Soziale Dramen" nennen, wie ›Vor Sonnenaufgang‹ hieß und wie sie im ›Fuhrmann Henschel‹ von 1898, der ›Rose Bernd‹ von 1903 und der ›Dorothea Angermann‹ von 1926 wieder begegnen. Sie alle leben von einer szenischen Gebärdenkunst, einer Sprachmimik, die die Bedingungen einer menschlichen Katastrophe vorführt. ...

### (2) „Meisterstück des Naturalismus"

... *Rose Bernd* ist eines der stärksten Dramen Hauptmanns und eines der Meisterstücke des Naturalismus. Das Thema von Wagners *Kindesmörderin* und

---

[16] Die Zitate sind folgenden Büchern entnommen:
(1) Paul Böckmann. Der Naturalismus Gerhart Hauptmanns. In: Wege der Forschung (Gerhart Hauptmann), herausgegeben von Hans Joachim Schrimpf, S. 237-238.
(2) Felix Emmel. rororo Schauspielführer, S. 275.
(3) Gerhart F. Hering, S. 26.
(4) Sigfrid Hoefert, S. 28.
(5) Eberhard Hilscher, S. 258.
(6) Karl S. Guthke, S. 112-113.
(7) Hans Mayer, S. 64.
(Ausgeführte Angaben im Literaturverzeichnis)

Goethes Gretchentragödie erscheint hier in einem bäuerlichen Erdreich verwurzelt und aus einer neuen sozialen Sicht heraus gestaltet. Sophokles' Wort vom Eros „Wen er ergreifet, der raset", wird hier an einer Bauernmagd erschütternde Wahrheit. Als Geschworener in Hirschberg, wo er die Aburteilung einer Landarbeiterin wegen Meineids und Kindesmords miterlebte, empfing der Dichter die Anregung zu seinem packenden Drama. Die Verkörperung der Rose Bernd auf der Bühne durch Else Lehmann bleibt ein theatergeschichtliches Ereignis. Auch der Film mit Maria Schell als Rose Bernd zeigt noch einen starken Abglanz von Hauptmanns Dichtertum.

## (3) „Begreifende Wahrheit"

... Helle Sinnenfreude, pralle Urwüchsigkeit und eine Wildheit des Blutes, die den Untergang bedingt, das sind Wesenszüge des Mädchens Rose Bernd. Jähe Schicksalsverstrickungen greifen ineinander wie Glieder einer Kette. Aus der Liebe zu Flamm gerät die Heißblütige in Streckmanns gierige Hände ... Am Anfang weht ein Lied, am Schlusse schrillt ein Schrei ... Rose Bernd: Weg eines Menschen, der aus einem guten scheinbar ein schlechter wird, im Grunde aber bis zuletzt derselbe bleibt ... Von dem Licht auf die Schattenseite geraten, mag ihr vielleicht, am Schluß, ein Gefühl aufdämmern von des Menschen allgemeiner Verlassenheit. In dieser Trauer des Preisgegebenseins liegt die ergreifende Wahrheit der Bernd ...

## (4) „Milieu und Mundart"

... Ganz anders war es dagegen mit »Fuhrmann Henschel« (1898). Zusammen mit »Rose Bernd« (1903) gehört es zu jenen Charakterdramen Hauptmanns, die fest in schlesischer Erde wurzeln und als Zeugnis eines „ruhiger ausgereiften und nicht mehr durch naturwissenschaftlichen Analogie-Ehrgeiz forcierten und irritierten späten Naturalismus" (B. Markwardt) gelten dürfen. Das Ende ist in beiden Werken tragisch. Der Fuhrmann nimmt sich das Leben, als er sich vom Schuldbewußtsein übermannt fühlt, und das Dorfmädchen macht sich des Mordes an ihrem unehelichen Kind schuldig. Beide folgen triebhaften Impulsen; sie können sich nicht von der Fessel ihrer Anlage und des sie umgebenden Milieus befreien. Das Milieu ist in diesen Dramen der Wirklichkeit nachgeformt; der durch die Mundart geprägte Stil wirkt lebensecht, und auch die dramatis personae werden als lebenswahr empfunden. Trotz aller naturalistischen Technik treffen wir auf Züge, die als Annäherung an das Bühnenmäßige verstanden werden können. Die dramatische Substanz ist kräftiger als sonst herausgearbeitet; die Anordnung der Einzelheiten und straffe Organisation des Ganzen läßt das Konstruktive stärker hervortreten und den „bauenden Kunstverstand des Dichters" (Schrimpf) erkennen ...

## (5) „Menschliche Größe"

... Mit »Rose Bernd« ordnete sich Gerhart Hauptmann in eine bedeutende Tradition ein. Von Heinrich Leopold Wagners »Kindermörderin« über die Gretchentragödie in Goethes »Faust« bis zu Friedrich Hebbels »Maria Magdalene« diente diese Thematik immer wieder dazu, gesellschaftliche Mißstände als Ursachen für Verbrechen an jungem Leben zu entlarven. Namentlich die Stürmer und die Dränger der Goethezeit erhoben heftige Anklage gegen die schurkischen Verführungskünste, die Gewissenlosigkeit und Scheinmoral der Junker. – Auch bei Hauptmann tragen unbarmherzige »Herrschaften« und die unglaubliche Kaltherzigkeit des Erbscholtiseibesitzers Flamm wesentlich zu Roses Niedergang bei; hinzu kommen die bigotten Ehrbarkeitsanschauungen und die Spießigkeit des alten Vaters. Nicht zufällig verließ die österreichische Erzherzogin Marie Valerie beim Anblick dieser schonungslosen Enthüllungstragödie mit Empörung das Wiener Hofburgtheater, so daß die verschreckte Intendantur das Drama vom Repertoire absetzte.

Bei aller Düsternis bietet das Stück zwei Lichtblicke: Die kranke Frau Flamm bringt für das verschüchterte, ratsuchende Mädchen gütiges Verständnis auf, behandelt sie mit feinem Takt und verspricht ihr Beistand in der schweren Stunde, aber die Vertrauensbasis erweist sich am Ende als zu schwach, zumal sich Christoph Flamm kühl distanziert: – Zu menschlicher Größe wächst schließlich August Keil empor. Anfangs erscheint er als einfältiger Frömmler, der sich ein abgeschiedenes, stilles Leben wünscht und seinen Ekel vor Welt und Menschen und eine selige »Freude« aufs Sterben bekennt. Seiner Gestalt und der des alten Bernd haften zunächst fast karikaturistische Züge an. Allmählich ahnt er jedoch Roses Zustand, und als die Katastrophe eintritt, steht er tapfer zu ihr und spricht epiloghaft-verzeihend die berühmten Worte: »Das Mädel ... was muß die gelitten han!«

Zweifellos gehört »Rose Bernd« zu Hauptmanns bedeutendsten Schauspielen. Indem der Dichter die Entwürdigung eines armen Mädchens zeigte und die weitgehend aus den unbefriedigenden gesellschaftlichen Verhältnissen erklärte, legte er die Notwendigkeit von grundlegenden Veränderungen nahe. Mit meisterhafter analytischer Technik entwarf er ein realistisches Bild vom schlesischen Landleben um die Jahrhundertwende. Der junge Bertolt Brecht hob 1920 in einer Augsburger Theaterkritik etwas »Stiernackiges« und »Drohendes« in dem Drama hervor, erkannte die Wahrhaftigkeit der Darstellung an und resümierte: »Es ist unsere Sache, die in dem Stück verhandelt wird, unser Elend, das gezeigt wird. Es ist ein revolutionäres Stück.« ...

## (6) „Greller Diskant"

... Der Gedanke liegt nun nahe, daß sich vom *Armen Heinrich* an nur noch diese Gelassenheit in Gott, diese existenzielle Beruhigung geltend mache. Seit den

*Webern*, die die Frage nach dem Wesen dieses Gottes aufwarfen, hätte sich dann schon manches geklärt: die Paradoxie des *deus absconditus*, der das Existenzleid verhängen muß, um den Menschen seine Erkenntnis und seine Gnade zuteil werden zu lassen, ist deutlicher artikuliert, zugleich auch die eigenartige Verquickung von Abgründig-Dämonischem und Lichtvoll-Göttlichem im Bild der Transzendenz. Aber wie wenig fest diese Grundzüge des Weltbilds sind, wie sehr sie immer wieder nach verschiedenen Seiten hin neu durchdacht werden müssen, wurde schon daraus offenkundig, daß nun gleich auf den *Armen Heinrich* ein Drama folgt, das das Jahrzehnt des Rinascimento allem sich in dieser Zeit herausbildenden Lebensvertrauen zum Trotz mit dem grellen Diskant des drohenden Nihilismus abschließt. Das ist die Tragödie *Rose Bernd* (1903). Sie steht einzig da im weiten Panorama des Hauptmannschen Lebenswerks; auch *Magnus Garbe* kommt ihr nur nahe. Was in *Rose Bernd* fehlt, ist der Umschlag des Leids in die mystische Erfahrung der Gottnähe und damit die Gewinnung der Transzendenz. Überblickt man aber die lange Reihe der Tragödien in Hauptmanns Werk, so läßt sich vielleicht auch *Rose Bernd* in das durchgehende Gestaltungsschema einordnen, sofern nämlich hier die Tragik nur bis an den Tiefpunkt des Haderns mit Gott geführt wird, wo sonst der dialektische Umschlag in die Versöhnung erfolgt ...

## (7) „Nicht-Sprechen“

... Gerhart Hauptmann hat die Modelle der dramatischen Literatur zum Stoff der Kindsmörderin ausgiebig genutzt. Die Figur des Vater Bernd ist überdies undenkbar ohne das Vorbild des erbarmungslosen Tischlermeisters Anton bei Hebbel.

Dennoch bezieht die *ROSE BERND* ihre Kraft nicht aus der Wiederholung eines berühmten und rührseligen Stoffes, sondern aus der eigentlichen Wort- und Tonlosigkeit, der Einsamkeit von Figuren, die nicht miteinander sprechen können. Alles bleibt in halben Andeutungen, die nicht verstanden werden, und wohl auch nicht verstanden werden sollen. So redet Flamm mit seiner Frau, August Keil mit Rose, Rose mit Flamm, mit Frau Flamm, schließlich mit ihrem Vater. Alles bleibt offen am Schluß. Sogar noch nach dem Kindsmord, in den beiden Thesen von Rose und August: August *(um sie bemüht). Wie is denn das ieber dich gekumma? Du bist ja uff eemal* ... Rose. *Das weeß ich nich! Hätt ihr mich ock frieher d' rnach gefragt, verleichte ... heute kann ich 's ne wissa! 's hat een kee Mensch ne genung liebgehat.* August. *Wer weeß, welche Liebe stärker is: ob nu de glickliche oder de unglickliche.*

Man sieht: in kaum einem anderen Schauspiel aus seiner dramatischen Werkstatt ist es Hauptmann besser gelungen als hier, tragische Wirkung zu erzielen durch das Nicht-Sprechen und die dramatischen Nicht-Entscheidungen ...

## 8. **Literatur** (Auswahl)

*(besonders zu empfehlende Texte sind im Fettdruck herausgehoben)*


Günter Albrecht: Gerhart Hauptmann. Berlin 1951

C.F.W. Behl und F.A. Voigt: Chronik von Gerhart Hauptmanns Leben und Werk. Kitzingen o. J.

Wolfgang Butzlaff: Die Enthüllungstechnik in Hauptmanns "Rose Bernd", in: Der Deutschunterricht, Jahrg. 13 (1961), H. 4, S. 59-70
(Der Aufsatz ist für die unterrichtliche Behandlung des Dramas besonders geeignet)

Walter Dimter: Artikel Naturalismus, in: Handlexikon zur Literaturwissenschaft, hrsg. von Diether Krywalski, Bd. 2, S. 357-366
(Der sehr instruktive Aufsatz, der nicht nur die deutsche Literatur berücksichtigt, schließt mit einem umfänglichen Literaturverzeichnis)

Gerhart F. Hering: Gerhart Hauptmann. Düsseldorf o.J.

Sigfrid Hoefert: Das Drama des Naturalismus. 2. Aufl. Stuttgart 1973 (Sammlung Metzler M 75)

**Sigfrid Hoefert**: Gerhart Hauptmann. Stuttgart 1974 (Sammlung Metzler M 107)
(Beide Bücher vereinigen die Vorzüge der Sammlung Metzler in sich: Zuverlässige, faktenreiche Darstellung und detaillierte Biographie)

**Hans Mayer**: Gerhart Hauptmann. Velber 1966 (Dramatiker des Welttheaters, 23)
(Das Büchlein orientiert vorzüglich über Hauptmanns Dramen)

Günter Reiß: Artikel "Rose Bernd", in: Kindlers Literatur-Lexikon, Bd. 19, S. 8290-8291. München 1974
(Neben der prägnanten Unterrichtung ist die treffende bibliographische Zusammenstellung zu erwähnen)

Ernst Ruprecht: Gerhart Hauptmann als Dichter der Humanität. Freiburg i.B. 1947

Paul Schlenther: Gerhart Hauptmann. Leben und Werk. Leipzig 1912
(Das Werk ist schlicht veraltet)

**Hans-Joachim Schrimpf**: Gerhart Hauptmann "Rose Bernd", in: Das deutsche Drama vom Barock bis zur Gegenwart, hrsg. von Benno v. Wiese, Bd. 2, S. 166-185. Düsseldorf 1958
(Wie alle Beiträge dieser Sammelbände zeichnet sich auch dieser Aufsatz durch die Weite des Blickfeldes aus)

**Kurt Lothar Tank**: Gerhart Hauptmann in Selbstzeugnissen und Bilddokumenten. Hamburg 1959 u.ö. (Rowohlts Monographien, 27)
(Erwähnenswert bei dieser bekannten Reihe sind neben der gründlichen Darstellung die Zeittafel, die Zeugnisse und die umfangreiche Bibliographie)

**Benno v. Wiese**: Gerhart Hauptmann, in: Deutsche Dichter der Moderne. Ihr Leben und Werk, hrsg. von B. v. Wiese, Berlin 1965.
(Ein souverän informierender Aufsatz)

## Ergänzung zur Neuauflage 1986

Roy C. Cowen: Gerhart Hauptmann. Kommentar zum dramatischen Werk. München 1981
(Wie alle Bände der Winkler-Kommentare fundiert, gut lesbar)

**Roy C. Cowen**: Der Naturalismus. Kommentar zu einer Epoche. München 1979
(Informierende Übersicht mit ausführlicher Einleitung, Zeittafel und Kommentaren zu 12 bekannten Werken des Naturalismus, u.a. zu "Bahnwärter Thiel" (novellistische Studie), "Vor Sonnenaufgang", "De Waber/"Die Weber", "Der Biberpelz" und "Der rote Hahn" aus dem Schaffen G. Hauptmanns. – Unentbehrlich)

Hans Daiber: Deutsches Theater seit 1945. Stuttgart 1976
(Hervorragend informierende Übersicht mit vielen Einzeldaten; auch dem interessierten Laien zu empfehlen)

Felix Emmel: rororo Schauspielführer. Von Aischylos bis Peter Weiss. Hamburg 1968
(Nach wie vor ein bewährtes, handliches Nachschlagebuch, in dem G. Hauptmann mit sechs Stücken berücksichtigt ist)

Karl S. Guthke: Gerhart Hauptmann. München $^{2}$1980
(Dichte Darstellung mit einem breiten textkritischen Anhang; in weiten Teilen nur für wissenschaftlich vorgebildete Leser)

Richard Hamann/**Jost Hermand**: Naturalismus. Epochen deutscher Kultur von 1870 bis zur Gegenwart (Band 2). Frankf. 1977
(Interessante, auch dem wenig vorbereiteten Leser verständliche Epochen-Darstellung)

**Eberhard Hilscher**: Gerhart Hauptmann. Berlin $^{3}$1979
(Gerade dem interessierten Laien ist dieses Buch wegen seiner anschaulichen und lebensnahen Darstellung von Biographie und Werk des Dichters sehr zu empfehlen)

Sigfrid Hoefert: Drama des Naturalismus. Stuttgart $^{3}$1979

Sigfrid Hoefert: Gerhart Hauptmann. Stuttgart $^{2}$1982 (vgl. S. 79)

Udo Köster: Die Überwindung des Naturalismus. Begriffe, Theorien und Interpretationen zur deutschen Literatur um 1900. Hollfeld 1979
(Parallel zu den Epochen-Darstellungen beachtenswert. Nicht geeignet für einen ersten Zugang zu Fragen und Problemen des N.)

Hans J. Schrimpf (Hg.): Gerhart Hauptmann. Wege der Forschung. Band CCVII. Darmstadt 1976
(Bedarf keiner empfehlenden Kommentierung. Hervorragende Beiträge von Fachgelehrten. Nicht zur Erstbegegnung geeignet, obwohl vielseitig informierend)

Gerhard Schulz (Hg.):Prosa des Naturalismus. Stuttgart 1973
(Wie auch die anderen Bände der "gelben Reclam–Reihe" zur Literaturgeschichte für die weitere Einarbeitung in die Epoche des N. sehr zu empfehlen; guter Einführungsteil; unterschiedlichste Primärtexte als Beispiele)

**Peter Sprengel**: Gerhart Hauptmann. Epoche – Werk – Wirkung. München 1984
(umfassende Information; besticht durch klare, systematische Darstellungsweise)

## CHEMIE

Th. Bokorny

**Chemie-Gerüst**

Wegweiser und Ratgeber für Schüler und Abiturienten. 13., überarb. Auflage

128 Seiten **Bestell-Nr. 0674–2**

Dieses kurze in Tabellenform abgefaßte Vademecum der Chemie soll kein Lehrbuch oder Lexikon sein, sondern die großen Linien und wissenswerten Teile der modernen Chemie übersichtlich klar und einprägsam veranschaulichen und in Erinnerung bringen.

## DEUTSCH

Christian Floto

**Basisinterpretationen für den Literatur- und Deutschunterricht I**

**– Ausgewählte Stücke und Prosa von Shakespeare bis Ionesco –**

96 Seiten 2. Auflage **Bestell-Nr. 0589–4**

Nach einer kurzen Skizzierung der Literaturepoche werden anhand häufig gelesener Stücke Basisinterpretationen gegeben. Alle Beispiele entstanden im Unterricht der Sekundarstufen.
Folgende Stücke werden u. a. behandelt:
Shakespeare, Hamlet – Lessing, Nathan – Schiller, Wallenstein – Goethe, Iphigenie – Kleist, Marquise von O/Die Verlobung ... – Fontane, Effi Briest – Dostojewski, Der Spieler – Hauptmann, Rose Bernd – Mann, Tonio Kröger – Döblin, Berlin Alexanderplatz – Kafka, Der Prozeß – Brecht, Sezuan – Kipphardt, Oppenheimer – Frisch, Homo Faber – Frisch, Biedermann u. Br. – Ionesco, Die Stühle.

Christian Floto

**Basisinterpretationen für den Literatur- und Deutschunterricht II**

**– Ausgewählte Stücke und Prosa „moderner“ Autoren in der ersten Hälfte des 19. Jahrhunderts. –**

108 Seiten **Bestell-Nr. 0593-2**

Literaturgeschichtlicher Abriß, Biographische Stationen, Aufbauprinzipien von Novelle und Drama; problemorientierte Bezüge zur modernen sozialpsychologischen Lebenssituation. Folgende Stücke werden u. a. behandelt:
Büchner, Woyzeck – Grabbe, Scherz, Satire, Ironie ...; Kleist, Der zerbrochene Krug/Prinz von Homburg/Michael Kohlhaas/Erdbeben in Chili.

Bernd Matzkowski

**Basisinterpretationen für den Literatur- und Deutschunterricht III**

**Untersuchungen und didaktische Hinweise zum Volksbuch Till Eulenspiegel.**

Hinweise auf den Schelmenroman.

80 Seiten, kart. **Bestell-Nr. 0598–3**

Sachanalyse – Ausgewählte Historien – Motivquerverbindungen zu Schelmenromanen des 16. und 17. Jahrhunderts – Vorschläge für die Behandlung im Unterricht u. a.

Bernd Matzkowski/Ernst Sott

**Basisinterpretationen für den Literatur- und Deutschunterricht IV**

**36 moderne deutsche Kurzgeschichten mit Arbeitsfragen.**

112 Seiten, kart. **Bestell-Nr. 0599–1**

Interpretation der Kurzgeschichten **mit Arbeitsfragen** zu
ARBEITSTEXTE FÜR DEN UNTERRICHT (Reclam)
Deutsche Kurzgeschichten 11.–13. Schuljahr
und Pratz/Thiel:
NEUE DEUTSCHE KURZGESCHICHTEN
(Diesterweg)

Karin Cohrs/Martin H. Ludwig

**Basisinterpretationen für den Literatur- und Deutschunterricht V**

**Romane und Novellen des 19. Jahrhunderts**

120 Seiten, kart. **Bestell-Nr. 0631–9**

**Aus dem Inhalt:**
**Einleitung, Politik und Kultur des 19. Jahrhunderts – Interpretationen ausgewählter Romane und Novellen.**

Kurzbiographie des Dichters – Entstehung des Werkes – Inhalt – Charaktere – Situationen – Erschließung des Textes (stilistische Besonderheiten, literaturhistorischer Rahmen, gesellschaftliche und politische Bezüge usw.), Arbeitsfragen.
Hoffmann, Das Fräulein von Scuderi – Kleist, Das Erdbeben in Chili – Mörike, Maler Nolten – Gotthelf, Wie Uli der Knecht glücklich wird – Storm, Immensee – Droste-Hülshoff, Die Judenbuche – Raabe, Die Akten des Vogelgesangs – Fontane, Der Stechlin – Eichendorff, Aus dem Leben eines Taugenichts – Keller, Die drei gerechten Kammacher – Storm, Hans und Heinz Kirch – Raabe, Die schwarze Galeere – Fontane, Schach von Wuthenow – Hauptmann, Bahnwärter Thiel.

Rüdiger Giese/Christian Floto

**Basisinterpretationen für den Literatur- und Deutschunterricht VI**

**Romane und Novellen aus dem 20. Jahrhundert**

112 Seiten, Kart. **Bestell-Nr. 0473**

Schnitzler, Leutnant Gustl – Mann, Tod in Venedig – Kafka, Die Verwandlung – Hesse, Der Steppenwolf – Kästner, Fabian – Mann, Mephisto – Zweig, Schachnovelle – Böll, Haus ohne Hüter – Wolf, Der geteilte Himmel – Kempowski, Tadellöser und Wolff

**Bausteine – Deutsch**

stellt detaillierte Unterrichtsstunden zur Behandlung unterschiedlichster Texte für die Sekundarstufen I und II vor.

Anordnung der Stunden als Sequenzen – Texte und Textanalysen – Didaktisch-methodische Arbeitshinweise – praktisch zu handhaben.

Angesprochen sind Lehrer und Lehramtsanwärter aller Schulformen.

**Autoren sind:** Praktiker – Ausbilder – Fachwissenschaftler aus allen Schulformen.

**Bausteine Lyrik I**

Spiel mit Sprache/Lyrischer Humor/Konkrete Poesie
160 Seiten, kart. **Bestell-Nr. 0650–5**

**Bausteine Lyrik II**
Ballade/Modernes Erzählgedicht/Chanson/ Politische Lyrik/Thema- und Motivverwandtschaft
164 Seiten, kart. **Bestell-Nr. 0651–3**

**Gerhart Hauptmann:** Die Weber
**Bestell-Nr. 652**

**Max Frisch:** Homo Faber
**Bestell-Nr. 653**

**Theodor Storm:** Pole Poppenspäler
**Bestell-Nr. 654**

**Albert Camus:** Die Pest
**Bestell-Nr. 655**

**George Orwell:** 1984/Animal Farm
**Bestell-Nr. 656**

**Thomas Mann:** Tonio Kröger
**Bestell-Nr. 657**

**Goethe-Plenzdorf:** Werther
**Bestell-Nr. 658**

**Storm:** Der Schimmelreiter
**Bestell-Nr. 659**

**Lessing:** Nathan der Weise
**Bestell-Nr. 660**

**Dürenmatt:** Der Richter und sein Henker
**Bestell-Nr. 661**

**Goethe:** Faust I/II
**Bestell-Nr. 662**

**Eichendorff:** Taugenichts
**Bestell-Nr. 663**

**Hesse:** Der Steppenwolf
**Bestell-Nr. 664**

## Dichtung in Theorie und Praxis

### Texte für den Unterricht

Jeder Band ist – wie der Reihentitel bereits aussagt – in die Teile Theorie und Praxis gegliedert; darüber hinaus werden jeweils zahlreiche Texte geboten, die den Gliederungsstellen zugeordnet sind. Ein Teil Arbeitsanweisungen schließt sich an, der entweder Leitfragen für die einzelnen Abschnitte oder übergeordnete oder beides bringt.

**Bestell-Nr.**

**450 Die Lyrik**
**451 Die Ballade**
**452 Das Drama**
**453 Kriminalliteratur**
**454 Die Novelle**
**455 Der Roman**
**456 Kurzprosa** (Kurzgeschichte, Kalendergeschichte/Skizze/Anekdote)
**457 Die Fabel**
**458 Der Gebrauchstext**
**459 Das Hörspiel**
**460 Trivialliteratur**
**461 Die Parabel**
**462 Die politische Rede**
**463 Deutsche Lustspiele und Komödien**

Weitere Bände in Vorbereitung

Egon Ecker

## Wie interpretiere ich Novellen und Romane?

Methoden und Beispiele
180 Seiten **Bestell-Nr. 0632–7**

Notizen zur Betrachtung eines dichterischen Textes – Zur Technik der Interpretation.
**Beispiele:**
Keller, Drei gerechte Kammacher
**Novellen:**
Büchner, Lenz – Storm, Schimmelreiter – Andres, Die Vermummten
**Romane:**
Mann, Königl. Hoheit – Frisch, Homo Faber – Andres, Knabe im Brunnen – Andersch, Sansibar.
Zur Theorie der Novelle – Zur Theorie des Romans – Gliederungsvorschläge – Themenvorschläge – Literaturverzeichnis.

Egon Ecker

## Aufsatz mit Grammatik

### 3./4. Jahrgangsstufe

mit zahlreichen Abbildungen
88 Seiten **Bestell-Nr. 0578–9**

Für die vorbereitenden Übungen auf den Besuch von weiterführenden Schulen soll den Schülern und deren Eltern hier ein Hilfsmittel gegeben werden, welches den neuesten Erfordernissen gerecht wird.

**Inhalt:** Bericht – Schilderung – Beschreibung – Erzählung – Wortfamilien und Wortfelder – Lösungsvorschläge u. v. a.

Egon Ecker

## Rechtschreibung und Diktate

### 3./4. Jahrgangsstufe

2. Auflage, 112 Seiten **Bestell-Nr. 0579–7**

Als Band für die Vorbereitung des Übertritts in andere Schularten gibt der Autor ein Hilfsmittel zur richtigen Schreibweise und Anwendung der deutschen Sprache.

**Inhalt:** Groß- und Kleinschreibung – Gleich und ähnlich klingende Laute – Dehnung – Schärfung – Silbentrennung – Sprachlehre – Satzmodelle – Diktatstoffe – Lösungen u. v. a.

Anhand von Texten werden den Lernenden Übungsstoffe und Anweisungen zur richtigen Formulierung und Schreibweise schwieriger Wörter und Wortfamilien gegeben.

## Epochen deutscher Literatur

Kurzgefaßte Abhandlungen für den Deutschunterricht an weiterführenden Schulen.

**Bestell-Nr. 0480**
**Die deutsche Romantik I**
Frühromantik

**Bestell-Nr. 0481**
**Realismus des 19. u. 20. Jahrhunderts**

**Bestell-Nr. 0482**
**Impressionismus und Expressionismus**

**Bestell-Nr. 0483**
**Sturm und Drang**

**Bestell-Nr. 0484**
**Die deutsche Romantik II**
Spätromantik

**Bestell-Nr. 0485**
**Die deutsche Klassik**

Gerd Eversberg

## Wie verfasse ich ein Referat?

Hinweise für die Informationsbeschaffung und -verarbeitung für den Literaturunterricht.

2. Auflage, 116 Seiten **Bestell-Nr. 0582–7**

Dieser Band soll den Schülern transparentes Arbeiten lehren. Das Themenbeispiel orientiert sich an der Schulpraxis und wurde auch erfolgreich erprobt.

**Inhalt:** Bibliographieren – Zitieren – Materialsammlungen – Bibliotheksbenutzung – Entleihen – Fernleihverkehr – Verlagskataloge und Buchhandlung – Manuskriptgestaltung – Referieren – Diskutieren.

Gerd Eversberg

## Deutsch – Sekundarstufe II Kollegstufe

Diese neue Reihe bietet Schülern der gymnasialen Oberstufe Arbeitshilfen für die selbständige Erweiterung ihrer Fähigkeiten in den Lernbereichen Umgang mit Texten, mündliche und schriftliche Kommunikation sowie Reflexionen über Sprache.

An die Stelle des traditionellen Aufsatzunterrichts früherer Jahre tritt heute eine Fülle schriftlicher und mündlicher Äußerungen, die auf die Fähigkeit der Schüler zielen, sich erfolgreich in sämtlichen Bereichen der deutschen Sprache auszukennen.

Die vorliegenden Themen orientieren sich an den Anforderungen, die in den Richtlinien der verschiedenen Bundesländer zur Ausbildung im Fach Deutsch formuliert werden.

## Textanalyse 1 Umgang mit fiktionalen (literarischen) Texten

152 Seiten **Bestell-Nr. 0641–6**

Aus dem Inhalt:

I. Der Begriff des fiktionalen Textes: Das „Ästhetische" der Literatur – Betrachtungsweisen von Literatur – Literarische Wertung.

II. Probleme der Interpretation: Der Prozeß des „Verstehens" – Methoden der Literaturinterpretation – Arbeitstechniken (Textwiedergabe / Texterarbeitung / Texterörterung).

III. Beispiele für Interpretationen: Epische Texte – Dramatische Texte – Gedichte.

IV. Massenliteratur.

## Textanalyse 2 Umgang mit nichtfiktionalen (Gebrauchs-)Texten

144 Seiten **Bestell-Nr. 0642–4**

Aus dem Inhalt:

I. Der Textbegriff.

II. Eine Typologie von Gebrauchstexten.

III. Bedingungen der Textanalyse.

IV. Methoden der Textanalyse: Textwiedergabe – Textbeschreibung – Texterörterung.

V. Beispiele für Textanalysen: Darstellende Texte (Sachtexte/Wissenschaftliche Texte) – Werbende Texte (Werbetexte/Politische Reden) – Gesetzestexte.

## Gebrauchstextanalysen

– Methoden und Beispiele –

2. Auflage, 80 Seiten **Bestell-Nr. 0588–6**

Herausgegeben von einem Arbeitskreis der Pädagogischen Akademie Zams.

Aus dem Inhalt:

**I. Warum Textuntersuchung? Begriffserklärungen.**

**II. Textanalyse – Textkritik**

Vorgestellt werden nur drei Möglichkeiten einer Analyse:

a) Kommunikationstheoretischer Aspekt
b) stilistischer Aspekt
c) soziologischer Aspekt

**III. Gebrauchstexte verschiedener Art, die auf o. a. Aspekte hin untersucht, bzw. kritisiert wurden.**

**Ordnung der Texte nach Themenkreisen:**
Werbetexte – Ferienprospekte – Kinoprogramme – Diverse Jugendzeitschriften (Bravo u. a.) – Illustrierte und Frauenzeitschriften (Frau im Spiegel u. a.) – Schullesebücher – Geschichtsbücher – Tagesberichterstattung: Politische Beiträge/kulturelle Beiträge – Literarische Texte.

## Deutsch auf der neugestalteten gymnasialen Oberstufe

Ein erfahrener Praktiker legt mit dieser Buchreihe Unterrichtshilfen für Schüler und Lehrer der Grund- und Leistungskurse vor.

Robert Hippe

## Mündliche und schriftliche Kommunikation

2. Aufl., 104 Seiten **Bestell-Nr. 0563–0**

**Sprache** – Sprache und Verständigung
**Grundbegriffe der Kommunikation** – Die drei Dimensionen des Zeichens – Verschiedene Arten von Zeichen – Sprache und Norm
**Die Rede** – Formen der Rede – Rhetorische Figuren – Analyse vorgegebener Reden – Redeanleitungen, -analysen und -sammlungen – Der Weg zur eigenen Rede – Exkurs 1: Kodierungsebenen – Exkurs 2: Die Sprache der Werbung als appellative Rede
**Das Referat** – Verfahrensschritte – Beurteilungskriterien – Geeignete Stoffe zur Auswahl
**Die Diskussion** – Analyse einer vorgegebenen Diskussion – Hinweise auf Vorbereitung, Durchführung und Zielsetzung einer Diskussion – Der Diskussionsbeitrag im sogenannten „Fünfsatz" – Die Debatte – Bericht(erstattung), Kolloquium, Vorlesung
**Das Protokoll** – Die Arten des Protokolls – Kriterien für die Beurteilung von Stundenprotokollen – Analyse von Protokollen
**Die Inhaltsangabe** – Merksätze zur Abfassung – Verfahrensschritte – Analyse von Inhaltsangaben – Geeignete Stoffe zur Auswahl
**Die Erörterung** – Merksätze zur Abfassung – Analyse von Erörterungen – Geeignete Stoffe zur Auswahl.

Robert Hippe

## Umgang mit Literatur

2. Auflage, 116 Seiten **Bestell-Nr. 0564–9**

Definition von Literatur – Grundformen von Literatur – Merkmale der Lyrik – Merkmale der Epik – Merkmale der Dramatik – Formprobleme der Literatur – Aufbauprobleme in der Literatur – Arten der Interpretation – Was ist Interpretation – Literatur und Wirklichkeit u. v. a.

Robert Hippe

## Der Unter- und der Mittelstufenaufsatz

6. Auflage, 84 Seiten **Bestell-Nr. 0519–3**

Anleitungen – Ausarbeitungen – Gliederungen – Themenvorschläge u. v. a.
jeweils mit Lösungsschlüssel

A. Unterstufe
Erlebnisschilderung oder -erzählung
Vorgangsschilderung oder -erzählung
Die Nacherzählung, die Erklärung oder Arbeitsanweisung, Vorgangsbericht oder Beschreibung, Inhaltsangabe

B. Mittelstufe
Die Schilderung, Stimmungsbild, Charakteristik, Bericht und Inhaltsangabe, sachliches Schreiben, Facharbeit, Erörterung u. a.

## Interpretationen motivgleicher Gedichte in Themengruppen

mit vollständigen Gedichtstexten

Band 1: Edgar Neis

### Der Mond in der deutschen Lyrik

80 Seiten **Bestell-Nr. 0620–3**

Arp – Bischoff – Borchert – Boretto – Britting – Brokkes – Bürger – Claudius – Däubler – Droste- Hülshoff – Geibel – Gleim – Goethe – Härtling – Heine – Holz – Klopstock – Krähenbühl – Krolow – Lange – Lehmann – Leonhard – Lichtenstein – zur Linde – Maurer – Morgenstein – Rasche – Rühmkorf – v. Stollberg – Trakl – v. d. Vring – Werfel – Wiens.

Band 2: Edgar Neis

### Politische-soziale Zeitgedichte

2. Auflage, 112 Seiten **Bestell-Nr. 0621–1**

Bachmann – Biermann – Brecht – Bürger – Celan – Dehmel – Domin – Enzensberger – Le Fort – Freiligrath – Gryphius – Hädecke – Hagelstange – Heine – Herwegh – Keller – Kerr – Logau – Marti – Platen – Sabias – Salis – Schenkendorf – Schiller – Schreiber – Schubart – Tucholsky – W. v. d. Vogelweide – Weitbrecht – Wildenbruch.

Band 3: Edgar Neis

### Der Krieg im deutschen Gedicht

2. Auflage, 112 Seiten **Bestell-Nr. 0622–X**

Bender – Benn – Biermann – Binding – Brambach – Brecht – Claudius – Dehmel – Eich – Flex – Le Fort – Fried – Gleim – Goethe – Hakel – Heise – Heym – Hölderlin – Höllerer – Huchel – Jahn – Jean Paul – Kaschnitz – Kästner – Körner – Leip – Lersch – Leonhard – Liliencron – Logau – Menzel – Mosen – Mühsam – Münchhausen – Neumann – Nick – W. Paul – Sachs – Schiller – Schnurre – Schuhmann – Stramm – Toller – Toussel – Trakl – Tumler – Vogel – Wiechert.

Band 4: Robert Hippe

### Die Liebe im deutschen Gedicht

2. Auflage, 80 Seiten **Bestell-Nr. 0623–8**

Benn – Brecht – Eichendorff – George – Gleim – Goethe – Günther – Hesse – Hofmannsthal – Jacobi – Kästner – Krolow – Lasker-Schüler – Lenau – Liliencron – C. F. Meyer – H. v. Mohrungen – Mörike – Münchhausen – Opitz – Reinig – Rilke – Storm – Stramm – W. v. d. Vogelweide – Weickherlin.

Band 5: Robert Hippe

### Der Tod im deutschen Gedicht

2. Auflage, 80 Seiten **Bestell-Nr. 0624–6**

Bächler – Benn – Brecht – Celan – Claudius – Droste-Hülshoff – Eich – Goethe – Gryphius – Hesse – Heym – Hofmannsthal – Hofmannswaldau – Höllerer – Kaltneker – Keller – Klopstock – C. F. Meyer – Mörike – Nick – Nietzsche – Novalis – Rilke – Schiller – Storm – Stramm – Trakl – Uhland.

Band 6: Robert Hippe

### Die Jahreszeiten im deutschen Gedicht

2. Auflage, 80 Seiten Bestell-Nr. 0625–4

Benn – Britting – Claudius – George – Gerhardt – Goes – Goethe – Hagedorn – Heine – Hebbel – Hesse – Hofmannsthal – Hölderlin – Hölty – Huchel – Lenau – Logau – C. F. Meyer – Mörike – Rilke – Stadler – Storm – Trakl – Uhland – W. v. d. Vogelweide.

Band 7: Robert Hippe

### Deutsche politische Gedichte

2. Auflage, 68 Seiten **Bestell-Nr. 0626–2**

Baumann – Biermann – Becher – Below – Brecht – Delius – Enzensberger – Fried – Fürnberg – Gomringer – Grass – Heine – Hoffmann v. Fallersleben – Holzapfel – Karsunke – Kunert – Luckhardt – Morawietz – Pottier – Radin – v. Saar – Scherchen – Schneckenburger – U. Schmidt – Schumann – Vesper – Walraff – Weinheber – Wessel – Zimmering.

Band 8: Edgar Neis

### Die Welt der Arbeit im deutschen Gedicht

100 Seiten **Bestell-Nr. 0627–0**

Barthel – Bartock – Billinger – Brambach – Bröger – Chamisso – Dehmel – Dortu – Engelke – Freiligrath – Grisar – Heine – Herwegh – Jünger – Krille – Lersch – Lessen – Naumann – Petzold – Pfau – Piontek – Rilke – Schreiber – Seidel – Weerth – Weinheber – Wieprecht – Winckler – Zech.

Band 9: Edgar Neis

### Deutsche Tiergedichte

136 Seiten **Bestell-Nr. 0628–9**

Barth – Bergengruen – Billinger – Boretto – Brecht – Britting – Busch – Claes – Dauthendey – Dehmel – Domin – Droste-Hülshoff – Eggebrecht – Eich – Freiligrath – Gellert – Gleim – Goethe – Grillparzer – Groth – Härtling – Hagedorn – Haushofer – Hausmann – Hebbel – Heine – Hesse – Huchel – F. G. Jünger – W. Lehmann – Liliencron – A. G. Kästner – Keller – Kolmar – Krolow – C. F. Meyer – Morgenstern – Pfeffel – Piontek – Rilke – Ringelnatz – Eugen Roth – N. Sachs – Schaefer – Trakl – Vring – Weinheber – Wiedner – Zachariae – Zuckmayer.

Band 10: Edgar Neis

**Städte und Landschaften im deutschen Gedicht**

168 Seiten **Bestell-Nr. 0629–7**

**Teil I:** Borchert – Sidow – Guesmer – Rilke – Grass – Le Fort – Karsunke – Aue – Zeller – Loerke – Fontane – Eich – Bleisch – Körner – Hauptmann – Bobrowski – Stadler – Goll – Reinfrank – Kunze – Zech – Becker – Droste-Hülshoff – Busta – Heine – Altenbernd – Wiedner – Stoltze – Kaschnitz – Hannsmann – Schnack – Hölderlin – Barthel – Mörike – Britting – George – Roth.

**Teil II:** Fontane – Heise – Kalkreuth – Zweig – Rilke – Rheiner – Goll – Salus – Brecht – Bachmann – Lehmann – Wagner – Benn – Schneider – v. Platen – Huchel – Hesse – Krappen – Kaschnitz – Celan – Britting – Kasack – Krauss – Boretto – Schaefer – Bachmann – v. d. Vring.

## Interpretationen zeitgenössischer Kurzgeschichten

Edgar Neis

5. Auflage, 80 Seiten **Bestell-Nr. 0600–9**

**Band 1:** Aichinger, Puppe – Bender, Schafsblut – Bergengruen, Fahrt des Herrn von Ringen – Böll, Ungezählte Geliebte – Brecht, Unwürdige Greisin – Britting, Märchen vom dicken Liebhaber – Ernst, Förster und Wilddieb – Le Fort, Turm der Beständigkeit – Hochhuth, Berliner Antigone – Hofmannsthal, Lucidor – Kafka, Ehepaar – Kaschnitz, Das dicke Kind / Schneeschmelze – Kühner, Es gibt doch noch Wunder – Malecha, Probe – Risse, Gottesurteil – O. Schaefer, Frühe Vision – W. Schäfer, Mozarts Begräbnis – Schnabel, Hundert Stunden vor Bangkok / Sie sehen den Marmor nicht.

Robert Hippe

5. Auflage, 80 Seiten **Bestell-Nr. 0601–7**

**Band 2:** Andres, Trockendock – Benn, Gehirne – Bergengruen, Arzt von Weißenhasel / Legende von den zwei Worten – Böll, Bahnhof von Zimpren / Besenbinder / Erinnerungen eines jungen Königs / So ein Rummel – Brecht, Augsburger Kreidekreis – Döblin, Ermordung einer Butterblume – Dürrenmatt, Tunnel – Eich, Stelzengänger – Franck, Das verstandene Gedicht – Gaiser, Ein Mensch, den ich erlegt habe – Hampel, Das mit dem Mais – Hildesheimer, Eine größere Anschaffung – Kafka, Kübelreiter / Sorge des Hausvaters – Kasack, Mechanischer Doppelgänger – Langgässer, Die getreue Antigone / Untergetaucht – Musil, Portugiesin – Risse, Verkehrsunfall – Schnurre, Ein Fall für Herrn Schmidt.

Karl Brinkmann

4. Auflage, 80 Seiten **Bestell-Nr. 0602–5**

**Band 3:** Aichinger, Plakat – Alverdes, Die dritte Kerze – Böll, Damals in Odessa / Mann mit den Messern / Lohengrins Tod / Wanderer kommst du nach Spa ... – Borchert, Die lange, lange Straße lang / Generation ohne Abschied / Lesebuchgeschichten – Eisenreich, Ein Augenblick der Liebe – Gaiser, Brand im Weinberg / Du sollst nicht stehlen – Langgässer, Die zweite Dido / Glück haben – Lenz, Jäger des Spottes – Schnurre, Die Tat – Spang, Seine große Chance – Spervogel, Hechtkönig – Wiechert, Hauptmann v. Kapernaum / Hirtenknabe.

Martin Pfeifer

4. Auflage, 84 Seiten **Bestell-Nr. 0603–3**

**Band 4:** Aichinger, Hauslehrer / Nichts und das Boot – Bender, Die Wölfe kommen zurück – Böll, Über die Brücke / Es wird etwas geschehen – Brecht, Mantel des Ketzers – Britting, Brudermord im Altwasser – Eich, Züge im Nebel – Ernst, Das zweite Gesicht – Fallada, Lieber Hoppepoppel – Franck, Taliter – Hesse, Beichtvater / Bettler – Johnson, Jonas zum Beispiel – Kusenberg, Eine ernste Geschichte – Langgässer, Saisonbeginn – Le Fort, Frau des Pilatus – Meckauer, Bergschmiede – Pohl, Yannis letzter Schwur – Rinser, David – Schäfer, Hirtenknabe – Schallück, Der Tod hat Verspätung – v. Scholz, Das Inwendige – Walser, Ein schöner Sieg – Weisenborn, Aussage.

Edgar Neis

3. Auflage, 56 Seiten **Bestell-Nr. 0604–1**

**Band 5:** Borges, Das geheime Wunder – Calderón, Invasion – Callaghan, ein sauberes Hemd – Campos, Solidarität – Carson, Ein Mädchen aus Barcelona – Hemingway, Die Killer – Huxley, Schminke – Joyce, Eveline – Katajew, Die Messer – Mansfield, Für sechs Pence Erziehung – Manzoni, Die Repräsentiertasse – Olescha, Aldebaran – Saroyan, Vom Onkel des Barbiers, dem von einem Zirkustiger der Kopf abgebissen wurde – Sartre, Die Mauer – Timmmermans, Die Maske.

Karl Brinkmann

3. Auflage, 80 Seiten **Bestell-Nr. 0605–X**

**Band 6:** Andersch, Sehnsucht nach Sansibar – Böll, Wie in schlechten Romanen / Undines gewaltiger Vater – Gaiser, Das Wespennest / Fünfunddreißig Meter Tüll / Der Motorradunfall – Grass, Der Ritterkreuzträger – Hildesheimer, Nächtliche Anrufe – Holthaus, Geschichten aus der Zachurei / Allgemeines / Wo liegt Zachzarach / Das Wirtshaus Zum Vollautomatischen Bären – Lenz, Masurische Geschichte / Der Leseteufel / So schön war mein Markt / Der große Wildenberg – Kramp, Was der Mensch wert ist – Reding, Die Bulldozer kamen / Während des Films / Jerry lacht in Harlem / Fahrerflucht – Schnurre, Wovon der Mensch lebt – Walser, Die Artikel, die ich vertrete.

Rudolf Kanzler

64 Seiten **Bestell-Nr. 0606–8**

**Band 7:** Aichinger, Die Silbermünze – Altendorf, Der Knecht Persenning – Andersch, Ein Auftrag für Lord Glouster – Bauer, Hole deinen Bruder an den Tisch – Britting, Der Gang durchs Gewitter – Dörfler, Die Kriegsblinde – Hesse, Das Nachtpfauenauge – Hildesheimer, Der Urlaub – Kaschnitz, Gespenster – Lenz, Die Nacht im Hotel – Th. Mann, Das Eisenbahnunglück – Noack, Die Wand – Ohrtmann, Der Sched ist wieder da – Rinser, Der fremde Knabe – Schallück, Unser Eduard – Wiechert, mein erster Adler.

Edgar Neis

80 Seiten **Bestell-Nr. 0607–6**

**Band 8:** Andersch, Grausiges Erlebnis – Bachmann, Alles – Bender, In der Gondel / Fondue – Bichsel, Tochter – Bobrowski, Epitaph für Pinnau – Bolliger, Verwundbare Kindheit – Brecht, Wiedersehen – Eisenreich, Der Weg hinaus – Fritz, Schweigen vieler Jahre – Fühmann, Judenauto / Schöpfung – Gaiser, Gazelle grün – Heissenbüttel, Wassermaler – Kaschnitz, Das rote Netz – Kunert, Fahrt mit der S-Bahn – Nossack, Das Mal – Reinig, Drei Schiffe – A. Schmidt, Resümee – Walser, Tänzer / Knabe – Wohmann, Ich Sperber / Der Schwan / Knurrhahn-Stil.

Robert Hippe

72 Seiten **Bestell-Nr. 0608–4**

**Band 9:** Aichinger, Fenster-Theater – Bichsel, Holzwolle – Brecht, Vier Männer und ein Pokerspiel – Frank, Die Monduhr – Fuchs, Gedankenaustausch – Geißler, Kalte Zeiten III – Heckmann, Die Wohltaten des Löffels / Das Henkersmahl – Holthaus, Wahrhaftige Geschichte von der Spazierfahrt – Kaschnitz, Popp und Mingel / Christine – Klose, Am roten Forst – Kunert, Andromeda zur Unzeit – Lenz, Die große Konferenz – Magiera, In den Sand geschrieben – Marti, Neapel sehen – Mechtel, Ein kleiner Tag – Nossack, Helios GmbH – Novak, Schlittenfahren – Weissenborn, Die Stimme des Herrn Gasenzer / Die Sache mit Dad – Wohmann, Denk immer an heut' nachmittag – Weyrauch, Mit dem Kopf durch die Wand – Wohmann, Die Klavierstunde – Zeller, Der Turmbau.

Edgar Neis

80 Seiten **Bestell-Nr. 0609–2**

**Band 10:** Bernhard, Die Mütze – Bichsel, San Salvador / Ein Tisch – Bobrowski, Lipmanns Leib – Brecht, Das Experiment – Brückner, Lewan / Schwierigkeiten beim Ausfüllen eines Meldezettels / Ein Pferd ist ein Pferd – Dürrenmatt, A's Sturz – Gaiser, Fällung eines Teichs – Hildesheimer, Nachtigall – F. G. Jünger, Urlaub – Kaschnitz, Eisbären – Koeppen, Baseballspieler – Kunert, Zirkuswesen – Musil, Das Fliegenpapier – Novak, Abgefertigt – Reinig, Skorpion – A. Schmidt, Sommermeteor – Weyrauch, Beginn einer Rache.

Wolfgang Kopplin

## Kontrapunkte

160 Seiten **Bestell-Nr. 0547–9**

Kontroversinterpretationen zur modernen deutschsprachigen Kurzprosa.

Prosatexte, zwischen 1963 und 1975 entstanden, dienen dem Autor dazu, die dialektische Methode des Pro und Kontra als Interpretationsansatz anzuwenden. Dem Primärtext schließen sich jeweils die Kontroversinterpretationen an. Ein Buch, welches Anregungen zum Verstehen und zur Entschlüsselung von Texten gibt.

Inhalt: Texte von Artmann – Bichsel – Dellin – Gerz – Gregor – Kunert – Reinig – Schnurre u. a. werden in einer Pro- und Kontra-Interpretation vorgestellt.

Albert Lehmann

## Erörterungen

**Gliederungen und Materialen**
**Methoden und Beispiele**

2. verb. Auflage, 160 Seiten **Bestell-Nr. 0637–8**

Die vorliegende Sammlung von 52 Gliederungen, die durch Erläuterungen – vornehmlich Beispiele – zu den einzelnen Gliederungspunkten erweitert sind, sollen die Wiederholung des Jahresstoffes erleichtern.

**Stoffkreisthemen:** Natur – Tourismus – Technik – Freizeit – Arbeit/Beruf – Konflikte zwischen den Generationen – Die Stellung der Frau in der Gesellschaft – Entwicklungsländer – Sport – Massenmedien und viele Einzelthemen.

**Für Lehrer ein unentbehrliches Nachschlage- und Vorbereitungsbuch.**

Birgit Lermen / Matthias Loewen

## Trickfilm als didaktische Aufgabe

**Band 1:** Sekundarstufe I
232 Seiten – Fotos, kart. **Bestell-Nr. 0618–1**

**Band 2:** Sekundarstufe II
216 Seiten – Fotos, kart. **Bestell-Nr. 0619–X**

Die Untersuchung über den Trickfilm als didaktische Aufgabe trägt der unterschiedlichen Ausgangslage in den beiden Stufen des Sekundarunterrichts Rechnung durch die Aufteilung in zwei Bände.

**Band 1** stellt sich gezielt auf die Bedürfnisse und Erwartungen der Sekundarstufe I ein. Aus der Eigenart des Mediums Trickfilm wird ein Analyse-Instrumentarium entwickelt, dessen Brauchbarkeit an 13 Filmen unterschiedlicher Herkunft erprobt wird. Auf der damit geschaffenen Grundlage wird ein didaktisch-methodisches Konzept erstellt.

**Band 2** orientiert sich an den Bedürfnissen der Sekundarstufe II. Eine semiotische Einführung erweitert und vertieft die in Band I erstellte Grundlage. Im Mittelpunkt stehen wieder die Einzelanalysen, deren Zahl des größeren Umfangs wegen auf zwölf reduziert ist.

Wie in Band I soll beides – Analysen und Einführung – als Basis dienen für didaktische Fragestellungen und Entscheidungen.

Die Auswahl der Filme wurde in beiden Bänden bestimmt durch:

a) das Ausleihangebot der Stadt- und Kreisbildstellen in der Bundesrepublik,
b) die ästhetische Qualität,
c) die thematische Relevanz,
d) die didaktische Potenz.

Martin H. Ludwig

## Das Referat

Kurze Anleitung zu einer Erarbeitung und Abfassung für Schüler und Studenten.

geh. **Bestell-Nr. 0646–7**

Planen und Sammeln – Bibliographieren – Schreiben und Zitieren – Lesen und Notieren – Auswerten und Gliedern – Der Text – Der Vortrag.

## Methoden und Beispiele der Kurzgeschichten-Interpretation

2. Auflage, 64 Seiten **Bestell-Nr. 0585–1**

Herausgegeben und erstellt von einem Arbeitskreis der Pädagog. Akademie Zams.

**Methoden:** Werkimmanente, existenzialistische, grammatische, stilistische, strukturelle, kommunikative, soziologische, geistesgeschichtliche, historisch/biographisch/symbolistische Methode.

**Beispiele:** Eisenreich – Cortázar – Dürrenmatt – Brecht – Horvath – Bichsel – Kaschnitz – Lenz – Weißenborn – Rinser – Borchert – Nöstlinger – Wölfel – Langgässer.

An Beispielen ausgewählter Kurzgeschichten werden die einzelnen Methoden der Interpretation demonstriert und erläutert. Information und Nachschlagewerk für den Unterricht in den Sekundarstufen.

Edgar Neis

## Das neue große Aufsatzbuch

– Methoden und Beispiele des Aufsatzunterrichts für die Sekundarstufen I und II –
212 Seiten, kart. **Bestell-Nr. 0636–X**

**Inhalt:**
Zur Technik des Aufsatzschreibens – Stoffsammlung und Disposition – Wie schreibe ich eine Charakteristik? – Wie schreibe ich eine Erörterung? – Der dialektische Besinnungsaufsatz – Themen und Aufsätze zu Problemen unserer Zeit – Aufsätze zur Literatur – Wege der Texterschließung – Interpretationshinweise – Fachbegriffe der Aufsatzlehre (Lexikon der Terminologien) – Vorschläge für Aufsatzthemen – Themenkatalog für das Ende des 20. Jahrhunderts – Literaturnachweis.
Dieses Buch richtet sich an Lehrer und Schüler von Haupt-, Real- und Oberschulen (Gymnasien).
Breit einsetzbar in Grund- und Leistungskursen.

Edgar Neis

## Deutsche Diktatstoffe
### –Unterstufe–

3. bis 7. Jahrgangsstufe
5. Auflage, 64 Seiten Bestell-Nr. 0524–X

### – Mittel- und Oberstufe –

8. bis 13. Jahrgangsstufe
4. Auflage, 72 Seiten Bestell-Nr. 0525–8

Beide Bände sollen der Einübung und Wiederholung der Rechtschreibung und Zeichensetzung dienen.
Jeder Band gliedert sich in zwei Teile, einen systematischen Teil, der zielbewußter Einübung von Wörtern, deren Schreibung Schwierigkeiten bereitet, dient und einen allgemeinen Teil. Dieser bringt zusammenhängende Diktatstoffe aus dem deutschen Schrifttum. Die Namen der Verfasser bürgen für die Stilhöhe der einzelnen Texte.

Edgar Neis

## Interpretationen von 66 Balladen, Erzählgedichten und Moritaten

Analysen und Kommentare
3. Auflage, 176 Seiten **Bestell-Nr. 0590–8**

Balladen des 18., 19. und 20. Jahrhunderts werden in diesem für Lehrer, Studenten und Schüler bestimmten Band ausführlich interpetiert und durch Erklärungen Verständnis für diese Art Dichtung geweckt. Eine unentbehrliche Hilfe für den Deutsch- und Literaturunterricht.

Aus dem Inhalt: Bürger – Herder – Goethe – Schiller – Uhland – Eichendorff – Heine – Droste-Hülshoff – Miegel – Brecht – Huchel – Celan – Chr. Reinig – Kunert u. v. a.

Edgar Neis

## Interpretationen motivgleicher Werke der Weltliteratur

2. Auflage, je 144 Seiten

Dramatische, epische und lyrische Gestaltung der bekanntesten Stoffe der Weltliteratur werden mit knappen Inhaltsangaben vorgestellt und miteinander vergleichend interpretiert.

Band 1:
### Mythische Gestalten
**Bestell-Nr. 0548–7**

Alkestis – Antigone – Die Atriden (Elektra / Orest) – Iphigenie – Medea – Phädra

Band 2:
### Historische Gestalten
**Bestell-Nr. 0549–5**

Julius Caesar – Coriolan – Der arme Heinrich – Die Nibelungen – Romeo und Julia – Jeanne d'Arc / Die Jungfrau v. Orleans – Johann Joachim Winckelmann

Edgar Neis

## Verbessere Deinen Stil

2. Auflage, 120 Seiten **Bestell-Nr. 0539–8**

Der Autor versucht im vorliegenden Band vom grundlegenden Schema über Wortwahl und Satzgestaltung den Interessierten zu einer guten Ausdrucksform zu führen.

Stil ist erlernbar, deshalb wurden im 2. Teil viele künstlerisch gestaltete, stilvolle Beispiele wiedergegeben.

Edgar Neis

## Wie interpretiere ich ein Drama?

Methoden und Beispiele
224 Seiten **Bestell-Nr. 0633–8**

Erstbegegnungen mit dramatischen Formen – Methode des Interpretierens – Wege zur Erschließung und Analyse eines Dramas.

**Arbeit am Detail:** Titel, Personen, Handlung, Aufbau, Sprache, Realisation, Bühnengestaltung, Regieanweisungen, sozio-kulturelle und historische Einordnung usw.

Modellinterpretationen – Zur Theorie des Dramas – Literaturverzeichnis.

**Interessenten:** Lehrer und Schüler aller Schulgattungen.

Edgar Neis

## Wie interpretiere ich Gedichte und Kurzgeschichten?

12. Auflage, 208 Seiten **Bestell-Nr. 0530–3**

Ein „Grundkurs", die Kunst der Interpretation zu erlernen und zu verstehen. Die tabellarischen Leitlinien führen den Benutzer des Buches zum Verständnis für diese Gattung der Poesie. Anhand von zahlreichen durchgeführten Interpretationen ist dieses Buch ein unentbehrliches Hilfsmittel für Schüler und Lehrer.

Reiner Poppe

## Rechtschreibung

**Texte und Übungen für die Klassen 5 und 6**

196 Seiten **Bestell-Nr. 0595–9**

Zum Selbstunterricht mit Hinweisen zur Handhabung sowie didaktischen und methodischen Anleitungen für Unterrichtende.

Zu ausgewählten Rechtschreibschwierigkeiten wurden **Texte mit vielgestaltigen Übungen** in Einzelkapiteln zusammengefaßt. Jede Textgruppe ist mit einer knappen **Zusammenfassung** des voraufgegangenen Lernstoffes sowie **Erprobungsdiktaten** abgeschlossen. Testdiktate beschließen den Übungsteil. Es wurde besonders darauf geachtet, daß der Lernende Schwierigkeiten bewußt erfährt, **Lösungswege** und **Hilfen eigenständig** formuliert und **systematisch** üben kann.

Klaus Sczyrba

## Komm, wir schreiben!

**Rechtschreibübungsheft für das 2. und 3. Schuljahr**

Format: DIN A4 – 40 farbige Illustrationen

36 Seiten, kart. **Bestell-Nr. 0614–9**

Freude ist der Motor zum Erfolg. Nach diesem Grundsatz will der Autor den Kindern durch die lustbetonte, sehr abwechslungsreiche Art dieses Heftes den Weg zu Rechtschreibsicherung leicht machen.

In frohem Tun werden fast unauffällig fundamentale Kenntnisse der Rechtschreibung angeeignet, ohne daß die Kinder dabei den Eindruck des Übens haben.

Klaus Sczyrba

## Komm, wir schreiben!

**Rechtschreibübungsheft für das 3. und 4. Schuljahr**

Format: DIN A4 – 60 farbige Illustrationen

60 Seiten, kart. **Bestell-Nr. 0616–5**

Alle Übungen für die Kinder des 3. und 4. Schuljahres sind so angelegt, daß sie mit Freude durchgeführt werden. Sie enthalten kurzweilige Aufgaben, Reime und Rätsel. Die Richtigkeit der Lösungen kann leicht selbst überprüft werden.

Üben ist für Kinder oft freudlos und langweilig. Bei diesem Heft spüren sie aber nicht, daß „nur geübt" wird. In froher, zielstrebiger Arbeit wird fast unbewußt die Rechtschreibfertigkeit gesteigert.

Klaus Sczyrba

## Lebensnahe Diktate

für die Grundschule mit angegliederten Übungsmöglichkeiten für das **2. bis 4. Schuljahr**

152 Seiten **Bestell-Nr. 0610–6**

Dieses Übungsbuch ist aus der Erfahrung langjähriger Schularbeit entstanden und soll den Kindern vom 2. bis 4. Schuljahr helfen, ihre Rechtschreibleistungen zu verbessern.

Dazu werden 150 Diktate geboten, die in Ausmaß und Schwierigkeitsgrad dem Alter der Kinder entsprechen.

Zur vertiefenden Behandlung aller Rechtschreibbereiche sind jedem Diktat eine Reihe Übungsmöglichkeiten beigefügt.

Klaus Sczyrba

## Neue lebensnahe Diktate

mit zahlreichen Übungsmöglichkeiten für das **2. bis 10. Schuljahr**

312 Seiten **Bestell-Nr. 0611–4**

Wie in den früheren Ausgaben dieses Buches werden hier wieder über 200 Diktate geboten, die in Ausmaß und Schwierigkeitsgrad dem Alter des Kindes entsprechen.

Der Wortschatz, der in der Folge der Diktate und Übungen mit den erforderlichen Wiederholungen rechtschreibmäßig gesichert werden soll, erweitert sich allmählich.

Klaus Sczyrba

## Lebensnahe Diktate

mit zahlreichen Übungsmöglichkeiten für das **5. bis 7. Schuljahr,** und Anhang mit Lösungen

240 Seiten **Bestell-Nr. 0613–0**

In diesem Übungsbuch werden 150 Diktate geboten, die Kindern des 5. bis 7. Schuljahres helfen sollen, ihre Rechtschreibkenntnisse zu verbessern.

Zur vertiefenden Behandlung aller Rechtschreibbereiche ist jedem Diktat eine Reihe Übungsmöglichkeiten beigefügt, die Hilfen für die Klassenarbeit, aber auch für die häusliche Beschäftigung einzelner bieten sollen.

Klaus Sczyrba

## Lebensnahe Diktate

125 Diktattexte mit 600 Lösungsmöglichkeiten für das **8. bis 10. Schuljahr**

210 Seiten + Lösungsteil, kart. **Bestell-Nr. 0471–5**

Das Buch will mit seinen Diktaten und Übungen zum richtigen Gebrauch unserer Sprache beitragen. Die Diktate sind nicht nur nach Rechtschreibschwierigkeiten oder zur Anwendung einer Regel konstruiert, sondern sind auf die Bedürfnisse von Zeit und Umwelt abgestimmt.

Übungsmöglichkeiten mit Lösungen machen dieses Buch für häusliches Arbeiten und für den Unterrichtsgebrauch gleichermaßen unentbehrlich.

Klaus Sczyrba

## Lebensnahe Diktate

mit zahlreichen Übungsmöglichkeiten für das **5. bis 10. Schuljahr**

432 Seiten + Lösungsheft **Bestell-Nr. 0612–2**

Auch dieses Übungsbuch soll den Kindern vom 5. bis 10. Schuljahr helfen, ihre Rechtschreibleistung zu verbessern.

Die hier angebotenen 250 Diktate sind in Ausmaß und Schwierigkeitsgrad dem Alter entsprechend ausgewählt worden. Jedem Diktat ist eine Reihe Übungsmöglichkeiten beigefügt, ebenso wurde der entsprechende Wortschatz eingebracht.

Tabellen der Rechtschreibschwierigkeiten in den einzelnen Schuljahren runden dieses Übungsbuch ab.

Klaus Sczyrba

## Lebensnahe Grammatik für die Grundschule

für das 2. bis 4. Schuljahr

140 Seiten **Bestell-Nr. 0673–4**

Die alltäglichen Begebenheiten zweier Kinder sind lebendige Einstiege in alle Bereiche der Grundschulgrammatik. In übersichtlicher Weise werden alle notwendigen Kenntnisse zur Beherrschung unserer Sprache kindgemäß vermittelt, die in den angegliederten Übungen angewandt werden können. So ist dieses Büchlein sehr hilfreich für den Unterricht in der Schule und die häusliche Einzelarbeit.

Klaus Sczyrba

**Lebensnahe Sprachlehre in der Grundschule**

50 Unterrichtsentwürfe für die Einführung aller wesentlichen Gebiete.

112 Seiten, Illustrationen, kart. **Bestell-Nr. 0615–7**

**Neubearbeitete 2. Auflage**

Diese Unterrichtsentwürfe haben sich als eine vielbegehrte Hilfe erwiesen und ermöglichen, daß der sonst so trockene Stoff der Sprachlehre lebensnah, auf lustbetonte Weise eingeführt wird.
Jeder Entwurf ist eine Unterrichtseinheit, die sich über einen längeren Zeitraum erstreckt. Sie wird in einem Dreischritt aufgezeigt, der von der Sprachbegegnung über die Sprachuntersuchung zur Sprachanwendung führt. Dabei wurde beachtet, daß die Kinder durch die verschiedensten Impulse verstärkt zu Spontanität und Aktivität angeregt werden.
Knappe stoffliche Vorbemerkungen und ein Freiraum für die eigene Planung umschließen jede Unterrichtseinheit.
Die „Lebensnahe Sprachlehre" ist somit durch die vielen praktischen Anregungen ein wertvolles, echtes Arbeitsbuch für den muttersprachlichen Unterricht in der Grundschule.

# Englisch

Peter Luther/Jürgen Meyer

**Englische Diktatstoffe**
**Unter- und Mittelstufe**

64 Seiten, kart. **Bestell-Nr. 0647–5**

Beginnend mit einfachsten Texten und Erklärungen wird hier der Benutzer der Bücher mit der englischen Grammatik, Wortlehre und Rechtschreibung vertraut gemacht. Die Texte geben Hinweise auf die Vorbereitung zur Nacherzählung und sind gestaffelt nach Schwierigkeiten und Themengruppen. Worterklärungen und Übungen zur Selbstkontrolle runden den Band ab.

Jürgen Meyer/Gisela Schulz

**Englische Synonyme als Fehlerquellen**
**Übungssätze mit Lösungen**

116 Seiten, kart. **Bestell-Nr. 0596–7**

Dieses Übungsbuch will helfen, die im Bereich der Synonymie immer wieder auftretenden Fehler zu vermeiden.
Die Aufstellung beruht auf Beobachtungen, die die Verfasser im Unterricht gemacht haben und erhebt keinen Anspruch auf Vollständigkeit. Die Übungssätze wurden so formuliert, daß die wichtigen Bedeutungsnuancen so klar wie möglich hervortreten. Die zur Kontrolle beigefügten Lösungen geben an, ob und wo Fehler gemacht worden sind.

Jürgen Meyer

**Deutsch-englische/ englisch-deutsche Übersetzungsübungen**

9. bis 13. Klasse
104 Seiten **Bestell-Nr. 0594–0**

Texte für Fortgeschrittene, die ihre Kenntnisse in Wortanwendung und Grammatik erweitern und überprüfen wollen.
Zu den zeitgemäßen deutschen Texten wurden die Vokabeln und deren Anwendungsmöglichkeiten gegeben und erklärt.
Am Schluß des Bandes die englischen Texte zur Kontrolle.
Breit einsetzbar in den Sekundarstufen, Grund- und Leistungskursen.

Jürgen Meyer

**Übungstexte zur englischen Grammatik**

9. bis 13. Klasse
96 Seiten, kart. **Bestell-Nr. 0567–3**

Der Band enthält Übungsmaterial zu aktuellen Fragen, u. a. Sachtexte zu Personen, wissenschaftlichen Entdeckungen und zeitgeschichtlichen Ereignissen, die über das heutige Großbritannien und die USA informieren. Die Texte sind mit ausführlichen Hinweisen zu den Vokabeln sowie Übungen zur Syntax und zum Wortschatz versehen. Diskussionsvorschläge und ein sorgfältig aufbereiteter Schlüssel bieten zusätzliche Unterrichtshilfen. Das Buch ist sowohl für Gruppenarbeit als auch für das Selbststudium gut geeignet.

Edgar Neis

**Übungen zur englischen Herübersetzung**

108 Seiten **Bestell-Nr. 0542–8**

Das Übungsbuch richtet sich an den Schüler, der ohne Hilfe eines anderen selbständig die Fertigkeit des Übersetzens aus dem Englischen erlernen will. 38 Texte aus Literatur und Sachschrifttum, jeweils mit Vokabelangaben versehen, kann der Übende ins Deutsche übertragen und anhand des Lösungsteils auf seine Richtigkeit hin überprüfen.
Die Texte eignen sich im Unterrrichtsgebrauch als Übungen zu Nacherzählung und Grammatik.

Edgar Neis

**Wie schreibe ich gute englische Nacherzählungen?**

6. Auflage, 84 Seiten, kart. **Bestell-Nr. 0526–6**

Langjährige, im gymnasialen Englischunterricht auf der Mittel- und Oberstufe sowie bei zahlreichen Abiturprüfungen gewonnene Erfahrungen haben zur Herausgabe dieses Buches geführt. Texterfassung und -darstellung, Wortschatzerweiterung, Regeln der Stillehre, Erzählstil, idiomatische Redewendungen, Homophone, unregelmäßige Verben, Comment u. v. a.
Musterbeispiele als Vorlagen für Lernende.

Edgar Neis

**Englische Nacherzählungen der siebziger Jahre**

72 Seiten, kart. **Bestell-Nr. 0527–4**

Im vorliegenden Band findet der Übende Texte, welche im heutigen Schulunterricht bevorzugt benutzt werden. Diese unterscheiden sich gegenüber früheren Nacherzählungstexten durch gesteigerte Aktualität und Zeitnähe. Als Diktatstoffe für die Mittelstufe einsetzbar.

Reiner Poppe

**Englische Nacherzählungen**
**Unter- und Mittelstufe**

96 Seiten, kart. **Bestell-Nr. 0566–5**

Der Band enthält 62 Texte unterschiedlicher Länge und Schwierigkeit. Den Texten zur engl. und amerik. Geschichte sowie zu aktuellen Gegebenheiten sind method. Anleitungen für die mögliche Behandlung vorangestellt. Es ist hier besonders an den Selbst- oder Nachhilfeunterricht gedacht. Besonderer Wert wurde auf die Hinführung zu pragmatischer Rekonstruktion („précis") der Texte gelegt. Vokabelhilfen und Kurzhinweise zu Leben/Werk herausragender, in den Texten vorkommender Persönlichkeiten runden den Band ab. Empfohlen für Orientierungsstufe und Sekundarstufe I.

# Französisch

Klaus Bahners

**Französischunterricht in der Sekundarstufe II**

(Kollegstufe)
Texte – Analysen – Methoden

104 Seiten, kart. **Bestell-Nr. 0565–7**

Dieses Buch wendet sich an alle, die jetzt oder künftig auf der neugestalteten Oberstufe (Sekundarstufe II) Französischunterricht erteilen; vor allem an jüngere Kollegen und Referendare, aber auch an Studenten, die sich auf den Übergang vom wissenschaftlichen Studium zur pädagogischen Umsetzung vorbereiten wollen.
Schließlich gibt „Französischunterricht in der Sekundarstufe II" auch Schülern der reformierten Oberstufe wertvolle Hinweise für den selbständigen Zugang zur Interpretation französischer Texte.

Paul Kämpchen

**Französische Texte zur Vorbereitung auf die Reifeprüfung**

80 Seiten, kart. **Bestell-Nr. 0522–3**

Übungen für die Grammatik, den Stil und eine der Prüfungsarten – die Nacherzählung – sollen hier dem Anwärter zur Prüfung nahegebracht werden. Kurze und lange Nacherzählungstexte mit Worterklärungen stehen hier als Übungstexte zur Verfügung.
Der Schüler oder Student kann anhand dieser Kurzgeschichten seine sprachliche Beweglichkeit unter Beweis stellen. Kleine und leichte Stücke, die sich nur für Anfänger und wenig Fortgeschrittene eignen, wurden weggelassen.

Alfred Möslein/
Monique Sickermann-Bernard

**Textes d'étude**

64 Seiten, kart. Bestell-Nr. 0523–1

25 erzählende Texte aus der neueren französischen Literatur als Vorlagen für Nacherzählungen und Textaufgaben.
Durch unterschiedliche Längen und Schwierigkeitsgrade sowie durch breitgefächerte Thematik eignen sich diese Texte als Lektüre und Ausgangspunkt für Diskussionen im Unterricht. In den „Suggestions" findet man einige Anregungen für Übungen, die sich an die reine Textbehandlung anschließen können. Die Worterklärungen sollen das Verständnis der Texte erleichtern.

Werner Reinhard

**Französische Diktatstoffe**
**Unter- und Mittelstufe**

1./2. Unterrichtsjahr sowie 3./4. Unterrichtsjahr
2. Auflage, 96 Seiten, kart. **Bestell-Nr. 0532–0**

Die nach dem Schwierigkeitsgrad geordneten Texte sind überwiegend Erzählungen und Berichte von Begebenheiten des täglichen Lebens, wobei unbekannte Vokabeln beigegeben sind. Mit den Texten lernt der Schüler die gehobene Umgangssprache, d. h. Vokabular und Wendungen, die er später für eigene Textproduktionen verwenden kann. Den Texten vorangestellt sind Bemerkungen zur Rechtschreibung, die nützliche Rechtschreibregeln enthalten.

Werner Reinhard

**Übungstexte zur französischen Grammatik**

9. bis 13. Klasse
128 Seiten, kart. **Bestell-Nr. 0543–6**

„Übungstexte zur französischen Grammatik" wendet sich an Lernende, die bereits einige grammatische Kenntnisse haben, sie jedoch festigen und vertiefen wollen. Es eignet sich aufgrund umfangreicher Vokabelangaben sowie des ausführlichen Lösungsteils zum Selbststudium, und vermag bei Schülern ab Klasse 9 Nachhilfeunterricht zu ersetzen.
Die textbezogenen Aufgaben berücksichtigen insgesamt die wichtigsten grammatischen Gebiete, ein Register ermöglicht auch systematisches Vorgehen.

Werner Reinhard

**Übungen zur französischen Herübersetzung**

96 Seiten, kart. Bestell-Nr. 0537–1

40 franz. Texte aus Literatur und Sachschrifttum, jeweils mit Vokabelangaben versehen, kann der Lernende ins Deutsche übertragen und anschließend, anhand des Lösungsteiles, seine Fassungen auf ihre Richtigkeit hin überprüfen. Dem Verfasser kam es bei den deutschen Übersetzungen nicht auf prägnanten Stil an, es ging ihm vielmehr um die inhaltlich richtige und vom Schüler nachvollziehbare Übersetzung. So enthalten die Herübersetzungen jeweils auch Anmerkungen mit wörtlichen Entsprechungen, Varianten und Hinweisen zur Grammatik. Breit einsetzbar in den Sekundarstufen.

Werner Reinhard

**Kurze moderne Übungstexte zur französischen Präposition**

120 Seiten, kart. **Bestell-Nr. 0568–1**

In einem lexikalischen Teil gibt das Übungsbuch zunächst einen Überblick über die Anwendung der wichtigsten Präpositionen. Auch die Präpositionen als Bindeglied zwischen Verb und Objekt bzw. Infinitiv (vor allem à und de) werden berücksichtigt. Listen erleichtern dabei systematisches Lernen.

Im anschließenden Übungsteil kann der Benutzer seine Kenntnisse überprüfen. Vorherrschende Methode ist die Einsetzübung. Mit dem Lösungsteil eignet sich das Buch gut zum Selbststudium. Einsetzbar für den Unterricht in den Sekundarstufen.

Christine und Gert Sautermeister

**Der sichere Weg zur guten französischen Nacherzählung**

– Zur Methodik des Hörens und Schreibens im Französischunterricht –

118 Seiten, kart. **Bestell-Nr. 0534–7**

Der erste Teil des Buches will auf die Bedingungen richtigen Hörens aufmerksam machen und Wege zum besseren Hören skizzieren. Der zweite Teil gibt Anregungen, die Grundrisse des Textes, der Gelenkstellen, Höhepunkte, Pointen nochmals zu vergegenwärtigen.

Spezifische Formulierungsprobleme der Nacherzählung entfaltet der dritte Teil.

## Gemeinschaftskunde

Peter Beyersdorf

**Die Bundesrepublik Deutschland**

**Arbeitshefte zur Sozial- und Gesellschaftskunde**

Band 1:

**Strukturen und Institutionen**

mit Text des Grundgesetzes

124 Seiten **Bestell-Nr. 0507–X**

**Band 2:**

**Parteien und Verbände**

84 Seiten **Bestell-Nr. 0508–8**

**Band 3:**

**Außenpolitische Entwicklung**

72 Seiten **Bestell-Nr. 0509–6**

Diese Reihe wurde vor allem für den Bereich der politischen Pädagogik geplant: für Lehrer und Schüler also in erster Linie. Das gilt für Gymnasien und höhere Schulen insgesamt, für Berufsschulen und nicht zuletzt für den großen Bereich der Erwachsenenbildung in den Volkshochschulen.

Jedes Heft enthält neben dem Textteil einen Dokumentenanhang und ein Literaturverzeichnis; darin wird auf spezielle, einzelne Themen vertiefende Bücher hingewiesen.

Mit Hilfe dieser „Arbeitshefte" wird es dem Benutzer möglich, die grundsätzlichen politischen Zusammenhänge unseres Gemeinwesens und die Struktur der internationalen Politik zu erkennen. Dazu werden nicht nur Daten und Fakten angeboten, sondern zugleich auch deren Erklärung und Interpretation. Stand 1970!

## Geschichte

Robert Hippe

**Geschichts-Gerüst**

von den Anfängen bis zur Gegenwart

4 Teile in einem Band

228 Seiten **Bestell-Nr. 0551–7**

**Der Primaner, der das „Skelett" dieses „Gerüstes" beherrscht, sollte allen Prüfungsanforderungen gewachsen sein!**

Das vorliegende Werk will kein Ersatz für bereits bewährte Bücher ähnlicher Art sein, sondern einem **Auswahlprinzip** huldigen, das **speziell auf Gymnasien,** kurz **alle weiterführenden Schulen zugeschnitten** ist. Daher erklärt sich die drucktechnische Hervorhebung des besonders Wesentlichen (Fettdruck).

**Teil I:** Von der Antike bis zum Beginn der Völkerwanderung (ca. 3000 v. Chr. bis 375 n. Chr.)

**Teil 2:** Von der Völkerwanderung bis zum Ende des Mittelalters (375 –1268)

**Teil 3:** Vom Übergang zur Neuzeit bis zum Ende des 1. Weltkrieges (1268–1918)

**Teil 4:** Vom Beginn der Weimarer Republik bis zur Gegenwart (1918–1953)

## Latein

Reinhold Anton

**Die Stammformen und Bedeutungen der lateinischen unregelmäßigen Verben**

Anleitung zur Konjugation von etwa 1600 einfachen und zusammengesetzten unregelmäßigen Verben.

5. verbesserte Auflage

40 Seiten, kart. **Bestell-Nr. 0500–2**

Oswald Woyte

**Latein-Gerüst**

Der gesamte Stoff bis zur Sekundarstufe II (Kollegstufe) in übersichtlicher Anordnung und leichtverständlicher Darstellung mit Übungstexten, Übungsaufgaben und Schlüssel.

Teil 1: **Formenlehre**

116 Seiten, kart. **Bestell-Nr. 0552–5**

Teil 2: **Übungsaufgaben und Schlüssel zur Formenlehre**

144 Seiten, kart. **Bestell-Nr. 0553–3**

Teil 3: **Satzlehre**

104 Seiten, kart. **Bestell-Nr. 0554–1**

Teil 4: **Übungsaufgaben und Schlüssel zur Satzlehre**

72 Seiten, kart. **Bestell-Nr. 0555–X**

jeweils 2. Auflage

Die vier Bände ersparen den Lernenden die Nachhilfestunden und bieten ein unentbehrliches Übungs- und Nachschlagewerk bis zur Reifeprüfung.

**Inhalt:** Zahlenrechnen – Algebra – Gleichungen – Logarithmen – Geometrie – Stereometrie – Trigonometrie.

Dieser Band richtet sich an den Lernenden, der in kurzer Form seine Kenntnisse wieder auffrischen möchte und anhand von Musteraufgaben Lösungswege rekonstruieren will.

**Bis Sekundarstufe I.**

Georg Ulrich/Paul Hofmann

### Geometrie zum Selbstunterricht

Ein vollständiger Lehrgang der Geometrie zum Selbstunterricht und zur Wiederholung und Nachhilfe. Von der elementaren Geometrie über die Differential- und Integralrechnung bis zur Integralgleichung bieten die Bände den gesamten Stoff der Oberschulen bis zur Sekundarstufe II.

Übungsaufgaben mit Lösungen erleichtern die Verfolgung des Rechenweges und deren Einprägung und Verstehen.

1. Teil:

**Planimetrie**

172 Seiten, kart. **Bestell-Nr. 0576–2**

2. Teil:

**Trigonometrie**

136 Seiten, kart. **Bestell-Nr. 0540–1**

3. Teil:

**Stereometrie**

148 Seiten, kart. **Bestell-Nr. 0577–0**

4. Teil:

**Analytische Geometrie**

232 Seiten, kart. **Bestell-Nr. 0536-3**

## Philosophie

Robert Hippe

### Philosophie-Gerüst

**Teil 1**

96 Seiten **Bestell-Nr. 560–6**

Der erste Band des „Philosophie-Gerüsts" will an die Geschichte der abendländischen Philosophie heranführen, dem Leser einen Überblick über die Jahrhunderte philosophischen Denkens geben.

Aus dem Inhalt: Was ist Philosophie? Die griechische Philosophie – Die hellenistisch-römische Philosophie – Die Philosophie des Christentums – Die Philosophie des Mittelalters, im Zeitalter der Renaissance und des Barocks – Die Philosophie von der Aufklärung bis zu Hegel – Die Philosophie der Gegenwart. Anhang – Bibliographie u. a.

**Teil 2**

80 Seiten **Bestell-Nr. 561–4**

Im zweiten Band werden die Disziplinen der reinen und angewandten Philosophie behandelt, und dem Benutzer ein Überblick über den gewaltigen Umfang des Bereichs der Philosophie gegeben.

Aus dem Inhalt: **Die Disziplin der reinen Philosophie:** Logik und Dialektik – Psychologie – Erkenntnistheorie – Ontologie und Metaphysik – Ethik – Ästhetik.

**Die Disziplinen der angewandten Philosophie:** Naturphilosophie und Philosophie der Mathematik – Geschichtsphilosophie – Rechts- und Religionsphilosophie – Philosophische Anthropologie und Existenzphilosophie – Sprachphilosophie.

**Philosophie und Weltanschauung**

Bibliographischer Anhang u. a.

## Physik

Robert Gehr

### Einführung in die Atomphysik

**Vorbereitungshilfen für das Physik-Abitur an mathematisch-naturwissenschaftlichen Gymnasien.**

152 Seiten, kart. **Bestell-Nr. 0511–8**

Inhalt: Das Atommodell der kinetischen Gastheorie – Die atomistische Struktur der Elektrizität – Energiequanten und Korpuskeln – Atommodelle – Kernphysik – Nachweismethoden für Strahlungen.

Das Ziel des Buches ist, den Physikstoff der Abschlußklassen im Hinblick auf die Reifeprüfung umfassend und gründlich darzustellen, andererseits aber auch – gemäß dem Bildungsauftrag einer höheren Schule – in das (physikalische) Weltbild der Gegenwart einzuführen.

Friedrich Nikol

### Physik I

Fragen mit Antworten aus dem Lehrstoff der Sekundarstufe I mit Prüfungsfragen und Lösungen.

100 Seiten **ISBN 3-8044-0639-4**

Dieses Buch soll eine Lücke füllen auf dem Gebiet der Physikvorbereitung. Häufig auftauchende Fragen aus Mechanik, Wärmelehre, Optik, Magnetismus und Elektrizität im Physikunterricht werden leicht verständlich beantwortet.

Ein Band zur Vorbereitung auf Abschlußprüfungen.

Konrad Lorenz

### Physik-Gerüst

neubearbeitet von Lothar Deutschmann

6. erweiterte Auflage

240 Seiten **Bestell-Nr. 0617–3**

**Die Grundlagen der Physik in übersichtlicher und leicht faßlicher Darstellung.**

Inhalt: Meßkunde – Allgemeine Eigenschaften der Körper – Mechanik fester Körper – Mechanik der Flüssigkeiten – Mechanik der Gase – Lehre vom Schall – Wärmelehre – Magnetismus – Elektrizität – Geometrische Optik – Wellenoptik u. a.

## Verschiedenes

Adolf Busch

### Glückwunschbuch

15. Auflage

104 Seiten, illustr. **Bestell-Nr. 0510–X**

Glückwunschgedichte für alle Gelegenheiten nebst einem Anhang. Gedenk- und Glückwunschgedichte deutscher Dichter.

Geburtstags-, Namenstagswünsche – Weihnachtswünsche – Neujahrswünsche – Hochzeitswünsche –

Gästebuch- und Poesie-Album-Verse – Zum Richtfest – Gedenk- und Glückwunschgedichte deutscher Dichter.

## Ein Beitrag zur Unfallverhütung ist

Heimann/Grau/Link

### HOPP + STOPP

**Bildermalbuch zur Verkehrserziehung**

56 vierfarbige Seiten, Pp. **Bestell-Nr. 0670–X**

Immer wieder erleben wir Unfälle im Straßenverkehr, an denen Kinder beteiligt sind. Um dem nicht machtlos gegenüberzustehen, entwickelten wir dieses Malbuch.

**HOPP und STOPP** sind zwei lustige Schweinchen, die sich im Straßenverkehr bewegen. Wie man dort alles richtig macht, zeigt **STOPP;** schnell wird man merken, wie gefährlich es sein kann, wenn man sich wie **HOPP** verhält. Ab 4 Jahre.

Helmut A. Köhler

### Verse und Aphorismen für das Gästebuch

104 Seiten, 12 Illustrationen Bestell-Nr. 0630–0

**Inhalt:** Vorwort: Gäste, Bücher, Gästebücher . . .
Verse und Aphorismen:
I. Von der Kunst, mit vielen Worten nichts in ein Gästebuch einzutragen.
II. Zum Einzug ins eigene Haus oder in die neue Wohnung.
III. Was man in die Gästebücher von Stammlokalen schreibt.
IV. Aus dem Repertoire eines Partybesuchers.
V. Individuelles für das Gästebuch:
Zu Gast bei . . .
VI. Und was man sonst noch in das Gästebuch schreiben kann . . .

— — — — — — — — — — — ✂

## Bestellschein:

Unterzeichneter bestellt folgende Titel durch die Buchhandlung

. . . . Expl.-Nr.: . . . . . . . . . . . . . .

. . . . Expl.-Nr.: . . . . . . . . . . . . . .

. . . . Expl.-Nr.: . . . . . . . . . . . . . .

. . . . Expl.-Nr.: . . . . . . . . . . . . . .

. . . . Expl.-Nr.: . . . . . . . . . . . . . .

Name ______________________________

Straße u. Nr. ______________________________

Wohnort ______________________________

Datum ______________ Unterschrift ______________

**C. Bange Verlag** Tel. 09274/372 **8607 Hollfeld**